独乐千年——揭秘不一样的独乐寺

刘斌 主编

天津大学出版社
TIANJIN UNIVERSITY PRESS

尘封往事，轻启历史之门，听风诉古，
翻开书页，任时间流淌，千年建筑，跃然纸上。

图书在版编目 (CIP) 数据

独乐千年：揭秘不一样的独乐寺 / 刘斌主编 . 天津：天津大学出版社，2025. 1.（2025. 6 重印）
-- ISBN 978-7-5618-7836-1

I. K928.75

中国国家版本馆 CIP 数据核字第 20246AE261 号

Dule Qiannian: Jiemi Bu Yiyang De Dule Si

出版发行　天津大学出版社
地　　址　天津市卫津路 92 号天津大学内（邮编：300072）
电　　话　发行部 022-27403647
网　　址　www.tjupress.com.cn
印　　刷　北京盛通印刷股份有限公司
经　　销　全国各地新华书店
开　　本　787mm×1 092mm 1/32
印　　张　6.75
字　　数　233 千
版　　次　2025 年 1 月第 1 版
印　　次　2025 年 6 月第 2 次
定　　价　78.00 元

编委会

鸣　谢

天津市蓟州区文化遗产保护中心

蓟州建筑学社

天津大学建筑学院

天津市城市规划学会城市影像专业委员会

廣勝寺

目录

在天津市蓟州区城中西门内武定街上，

有一座著名的千年古刹——独乐寺

独乐寺，又称大佛寺，是中国仅存的三大辽代寺院之一。独乐寺为千年名刹，寺史殊为渺茫。寺庙历史最早可追溯至唐贞观十年（公元 636 年）。它“上承唐代遗风，下启宋式营造”，以建筑、泥塑、壁画“三绝”享誉中外，被建筑学家梁思成称为“无上国宝”。

一眼千年

文——童安

寺檐的铃铛清脆地摇起时光的影子，

我坐在山门的台阶上仰望每一个消逝时代。

如果你要探访独乐寺，那就先穿越到公元907年。

© 童安

谁会像我一样呢?

在应县木塔、在云冈石窟、在克孜尔千佛洞，在那些古老的震撼中探索灵魂的归路，探索那些我未曾到访过的时光、那些我好似曾经抵达过的远方。

在耶律阿保机成为辽国君主的那一刻，众神开始重返人间，和平的气息洒在旷日焦灼的大地上。

国与国之间，从对燕云十六州的掠夺到澶渊之盟的缔结，那个被称为“辽”的政权深深地被汉族影响，并在此后两百多年里，在这辽阔的燕云大地上建筑传奇，于是有了应县木塔，有了薄伽教藏殿，有了我眼前的独乐寺。

当开明的契丹君主遇见圣贤的汉臣，一段草原上的佳话被代代相传。

汉人韩匡嗣及其家族开始踏上通往王庭政治中心的朝拜之路，从一代家奴到封王拜相，最终成为契丹王室的核心人物，他们始终相信智慧之外必有神明庇佑。

怀着谦卑地对神明的感恩，历经鼎盛的韩氏家族打算做一件惠及宗族的大事。韩氏家族对唐风寺院进行重新构思和设计，使一座雄浑的殿宇呈现于世间，一场属于独乐寺的重逢被载入历史。

千年如云烟，如电亦如雾，我未修行至坐上观，反而囿于时间虚无的绚丽。

有时候，我会觉得世界就像克林索尔所总结的那样，越来越美丽。从辽代走来，独乐寺虽孤独地矗立于蓟州的山水之中，却也分外自在，或许它别无所求，只想被年轮里无数次升起的烈日晒透。

我想去看看这座屹立千年的寺宇，于是为一座寺奔赴一座城。

地处天津最北边的蓟州实际离北京更近，从四惠客运站坐大巴车出发，一个半小时即抵达蓟州城区，下车的地方距独乐寺不远，我选择步行，顺道一睹蓟州小城的风景。

从时间维度来看，因为独乐寺的前身是一座始建于唐贞观年间的古寺，这才让它拥有了大唐的雄浑风骨；直至辽统和二年（984 年），一座拥有奇思妙想的寺院建筑重新出现在信众视野，当时的人们大概也没想到，在燕云十六州的地界上一座影响后世的辽构就这样登上了历史的舞台。

千年后，蓟州独乐寺和应县木塔以及义县奉国寺中的一阁一塔一寺，成为中国现存的八大辽构之精华。

其中“一阁”指的就是独乐寺的观音阁，当时的设计者给十一面观音盖了一座房子，明二暗三结构的楼阁设计让来访者的感受多了几分玄妙。

身高十六米的泥塑金身观音立像隐藏在木阁楼忽明忽暗的天光里。香客们在跨进山门的那一刻，首先看到的是二楼明窗里菩萨的面容，随后在这条通往观音阁的路上，信众们沐浴着慈悲之光前行。法相的能量未被建筑所笼罩，观音高大身躯上的慈悲目光一直注视着来来往往的信众，这是独乐寺专属的“观照”，这观照持续了一千多年还在继续，观音目光所及之处佛光普照，恰如菩萨的大愿独以普度众生为乐，冥冥中回应了独乐寺之名。

这独特的参拜路径是独乐寺给我的第一重震撼，让我决定换个方式去领略这

觀音之閣
具足圓成
© 徐健

座寺历久弥新的艺术魅力。

比如去观赏木头如何在斑驳里绽放。

去仰望每一朵绽放的斗拱如何穿越时空。

去看不同时代在一座泥塑身上留下的历史的痕迹，我的时空梦游从独乐寺山门开始。

作为寺内辽代建筑之一的山门，它古老的庑殿顶结构使其成为国内现存最早的庑殿顶寺庙山门；山门正脊的鸱尾为辽代原作，鸱尾长长的尾巴翘转向内，是现存古建中仍在使用的最古老的鸱尾。

跨入山门，我走向第二重震撼。

位于左右两侧的护法金刚塑像（哼哈二将）身体前倾，俯身怒目。当人们站在地上仰望，便会感受到两尊巨神从半空中向自己俯身击来，其威严炯烁的气场即使穿越千年时光依旧不曾湮灭。

时间在这里留下深刻的痕迹，金刚塑像周身斑驳，色彩脱落，每一条裂缝仿佛都是岁月的留白，里面有祝福、反抗，沉默的勇、顿悟的寂。看到这里，我好像对“成住坏空”有了新的认识，时间具有摧毁一切的力量，但它却无法让过去消亡。

路过护法金刚之后，往前再几步就能看到左右两侧的四大天王壁画（清代），阳光透过窗户洒在褪色的壁画上，营造一种时隐时现的神秘感。

看完壁画回到山门中间的位置，刚好对着观音阁。

此时的山门门框成了天然的取景框，这里大概是整个寺庙最神圣的视角，尤

© 侯鑫

其是蹲下身来，透过木框便能直观感受到观音之阁的磅礴之势。

观音阁中的观音立像是国内现存最大的泥塑佛像之一，因其头顶塑有十个小观音头像，被称为十一面观音。主佛两侧各有一尊胁侍菩萨，在这一千多年她们始终服侍在观音左右。观音深蓝色的发髻高高束起，佩戴浅蓝边的红冠，衣裙上点缀着红底蓝云纹。观音面容慈祥，两肩下垂，身躯微微前倾，似要点化众生。

阁内四壁是以十六罗汉和二明王为主题的壁画。罗汉们站立排列，分布在东西北三壁，形象惟妙惟肖。他们慈眉善目，身披袈裟，背现顶光，伫立在云气缥缈的仙境之中，这组壁画也是国内唯一一处人物直立的十六罗汉壁画。

走出观音阁，后面的韦驮殿和弥勒殿以及左右两边的偏殿都是后来修的建筑，也就是说，关于独乐寺的古建游到此就可以结束了。

李白曾在观音阁主殿上落笔观音之阁，严嵩不甘落后在山门上挥笔题写“独乐寺”，咸丰的御笔“具足圆成”至今仍挂在观音阁一楼。在这样一座安静的寺院中，有跨越不同时代且作者人生经历如此不同的三块遗迹，不禁让人感慨命运无常。

我又坐回山门的台阶上，仰望眼前这座被千年风雨洗礼的古木构建的楼阁。

时间在木作上留下破碎的痕迹，那些开裂的、扭曲的纹理似山川河流和星空大地，有一种浑然笃定的信念，它们组成我目之所及的斗拱、飞檐、梁柱……虬曲嶙峋却直指晴空，它们来自充满力量的寰宇。

寺庙在新的时代成了瑰宝。古建筑的力量在于，它们让那些消逝的时间变得具象化，让我在不同的时空里找回沉降的信念。若云端上的神明忘记了我，千年的庙宇也会赐福于我。

© 孙津

揭 秘

独乐寺为何名“独乐”？

金菩萨、铜菩萨还是泥菩萨？

独乐寺有什么典故？

是谁修建了独乐寺？

独乐寺是大辽重臣的家庙吗？

源 起

ORIGINING

蓟州

很早很早以前，蓟州区是茫茫大海。后来伴随地壳运动，这里海水退尽，高山隆起，距今 18 亿至 8 亿年间形成了著名的中、上元古界标准地层剖面。这部天然的“史书”记载着古老的信息，给人们带来无限遐想。相传距今 5 000 年左右，黄帝在这片土地上留下了深深的印迹。据说今天城北的府君山就是黄帝问道广成子的地方。唐朝大诗人陈子昂来到古渔阳（今蓟州）时曾感叹道：“北登蓟丘望，求古轩辕台。应龙已不见，牧马空黄埃。尚思广成子，遗迹白云隈。”夏、商、周时期，蓟州区这片土地上燃烧着人类文明的火焰。境内出土的铜簋、铜鼎等青铜礼器和兵器等说明当时这里的经济、文化已有相当发展。

秦始皇统一天下后，这里为无终县，属右北平郡，并为郡治。遥想当年，秦始皇驾车取道无终，东临碣石，以求仙道，是何等的威风！汉朝无终县仍沿旧制。当时的无终县人口众多，农业发达，村庄密布，政治、经济、文化都有较大的发展。隋大业末年，无终县改名为渔阳县。

蓟州古城在大山与平原的交会之处像一块古老的璞玉，镶嵌在山水之间，又“扼东北入京之要冲，控中原与坝上之险塞”，为历代兵家必争之地，有“畿东锁钥”之称。五代十国时期，石敬瑭割让燕云十六州给辽，内就有蓟州渔阳县。辽金宋时期，蓟州的归属反复更迭；到了元朝，仍称渔阳县，属大都路蓟州；明洪武初年，撤渔阳县入蓟州，下辖玉田等四县。清代初沿旧制，乾隆年间蓟州成为散州，不再辖县；至民国二年（公元 1913 年）始称蓟县。

值得一提的是，汉朝时佛教传入我国，蓟州区的佛教文化渐渐兴起。建于渔山脚下的香林寺与洛阳的白马寺几乎同时建成，是我国最早的寺庙之一。魏晋时期，盘山有了法兴寺。以后，历代均在盘山修建庙宇，唐代建的千像寺、云罩寺，蓟州城内的独乐寺、白塔寺等相继出现。它们历经千年，至今仍守望蓟州。

山水之间的蓟州（© 侯鑫）

独乐寺名字的由来

独乐寺是中国仅存的三大辽代寺院（山西大同华严寺、天津蓟州独乐寺、辽宁义县奉国寺）之一，也是中国现存著名的古建筑之一。古语曰“独乐乐不如众乐乐”，为何这座佛教寺庙起名“独乐”呢？关于独乐寺寺名的由来有四种说法。

一曰，观音塑像内部支架是一棵参天而立的大杜梨树，故以“杜梨”的谐音“独乐”而取名。二曰，佛家清心寡欲，独以普度众生为乐，故名独乐寺，此“独乐”为“独以此为乐”之意，而非“独乐乐”之意。三曰，独乐寺为安禄山起兵叛唐的誓师之地，安禄山一心想灭掉李唐王朝做新皇帝，扬言“思独乐而不与民同乐”，誓师反唐后就将该寺命名为“独乐寺”。四曰，蓟州城有独乐水，又名独乐河，寺名随河名取独乐寺。独乐河在北魏时期的《水经注》中就已有记载。

独乐寺山门的门楣上，悬挂着一块醒目的牌匾，上书“独乐寺”三个大字，其书刚劲有力，结构严谨。据史料记载，该牌匾为明代严嵩所书。严嵩官至内阁首辅，又是武英殿大学士、太子太傅，先后柄政 20 年之久。他擅自专权，聚财敛物，残害忠良，落得革职、抄家、子诛、孤独终老的下场。

独乐寺牌匾（© 孙津）

一个传说

独乐寺始建于隋唐，具体年代不考。相传，唐朝建立不久后，李世民曾率兵东征，在征战的途中，路过渔阳，因为粮草不济，陷入了困境。李世民头疼不已，传令在城外扎营，等待粮草。一天，他无意中走进了今天的独乐寺（原寺名不考），只见寺内香烟缭绕，一尊高大的铜观音像栩栩如生。李世民心中一动，双膝跪倒，向观音像祷告："世民率兵东征，路过此地，粮草不济，欲借神明贵体一用，待世民班师之日，当以十倍金身奉还。"

李世民东征还朝一年后，还愿的事也没落实。倒不是他忘记了，只是当初急于借用铜像，没细加考虑便许诺以十倍金身奉还，如今细细一想，恐怕用光国库也铸不起那么大一尊金像呀！李世民正为此事寝食不安，大臣魏征又递一奏折提及此事，言语很是不恭，曰："昔万岁东征，粮草困窘，曾于渔阳借一铜像，以筹粮草，并许诺神明，一旦班师，即以十倍泥塑金身奉还。今圣上回銮过载，未践前言，故敢奏闻。臣闻为人主者，上不可失信于天，下不可失信于民……"李世民本来心里就有愧，担心他人议论，一见魏征也来揭他的短，不由心内火起，他耐着性子细看奏折，忽然惊喜地发现，魏征的奏折上写了"十倍泥塑金身"。泥塑金身和金身之间的差距可不是一般的大，两个字的差别，却能节省大量黄金。这"泥塑"二字，真正解决了李世民的难题。于是李世民马上颁下诏书，营建独乐寺，为观音重塑贴金泥身像。

今天展现在世人面前的泥塑菩萨是公元 984 年（辽统和二年）重建观音阁时重新塑的泥菩萨。《日下旧闻考》引《盘山志》云：“独乐寺不知创自何代，至辽时重修，有翰林院学士承旨刘成碑，统和四年孟夏立石，其文曰：‘故尚父秦王请谈真大师入独乐寺，修观音阁。以统和二年冬十月再建，上下两级，东西五间，南北八架，大阁一所，重塑十一面观音菩萨像。’”

泥菩萨、铜菩萨、金菩萨，虽都是菩萨的化身，但命运不同。正因为李世民当年将铜菩萨重塑成泥菩萨，才使这尊观音菩萨躲过重重劫难。试想，如果菩萨是金身，在千年的风雨中，恐早就被窃掠。公元 1900 年（清光绪二十六年），八国联军闯进了独乐寺。清朝大臣在奏片中记述：“光绪二十六年十一月初四日，德国洋兵二千余名先后入城抢掠，蹂躏独乐寺，行宫、正殿、宝座及佛像，各处门窗户壁，均被洋兵烧砸，伤损不堪。”试想，如果独乐寺的菩萨是金的，那群不识菩萨的八国联军强盗们会放过“金子”？！菩萨深谙“金玉满堂，莫之能守”的道理，“无欲则刚”，身无分文最轻松，也最安全！

十一面观音（© 侯鑫）

唐玄宗后期，唐朝的国势一年比一年差。在唐玄宗的纵容下，安禄山在十年内由幽州节度使手下的一名小小蕃将变成三镇节度使，成为手握全国近半兵力的恶虎，随时都有可能摧垮李唐王朝。公元 752 年秋冬，还在朝廷任职的李白抵达幽州。

李白亲眼看到安禄山秣马厉兵，形势已很危急，他却无能为力，故作诗《幽州胡马客歌》，暗指安禄山的野心和反叛之意。诗中写道：

幽州胡马客，绿眼虎皮冠。
笑拂两只箭，万人不可干。

“幽州胡马客”指安禄山手下那些横行无忌的“壮士”的形象。他们多是胡人，所以就不乏碧眼金发之辈。这些壮汉戴着用虎皮做的冠帽，笑拂着利箭，有万夫不当之勇。

飞笔点『之』字

在此期间，李白到了还未更名的独乐寺，恰逢独乐寺观音阁落成。众所周知，李白不仅被誉为“诗仙”，还有“剑仙”“酒仙”之称。住持命人以好酒款待李白，当主持请李白题匾时，李白已酩酊大醉，但心里明白，乘着酒兴，在匾额上提笔一挥而就。

第二天，当人们把匾额挂上后，现场一片哗然，原来“观音之阁”的“之”字上少了一点。这下急坏了住持，他急忙跑到李白面前躬身施礼：“先生您看如何是好？”李白一愣，接着便开怀大笑，高声道“拿酒来！”此时有人送上两坛酒，随即又奉上笔墨。只见李白抱坛狂饮，直至脸红微醉。他抓起毛笔，蘸满浓墨，眼望大匾，踉跄两步，大笔脱手而出，只见笔尖不偏不倚，正好点在“之”字头上，此时人群中爆发出雷鸣般的掌声，他哈哈大笑，独自拂袖而去了。太白之墨“观音之阁”自此流传千年。

观音之阁（© 纪翔）

安禄山思独乐而不与民同乐

安史之乱在范阳起兵誓师，在史学上早有定论。据考，唐代的蓟州渔阳县确实驻扎了安禄山的两支精锐部队，故渔阳作为唐代的一个军事重镇，也是安禄山叛唐的策源地之一。安禄山在渔阳驻扎着一支1.6万人的精锐部队静塞军（唐边军名），并在今黄崖关长城一带修筑了一座屯兵据谷的雄武城。《旧唐书·兵志》《资治通鉴》等对此均有明确记载。杜甫《渔阳》诗云：

渔阳突骑犹精锐，赫赫雍王都节制。
猛将飘然恐后时，本朝不入非高计。
禄山北筑雄武城，旧防败走归其营。
系书请问燕耆旧，今日何须十万兵。

唐天宝十四年（755年），安禄山和史思明起兵叛唐。后安禄山带领驻扎在渔阳的两支叛军主力举行誓师大会。安禄山扬言"思独乐而不与民同乐"，他想独享世间乐趣，而不想与民同乐，于是将这里改名为独乐寺，彻底暴露了他想当皇帝的野心。

唐代诗人白居易在《长恨歌》中写出了"渔阳鼙鼓动地来，惊破霓裳羽衣曲"的诗句，道出了安禄山叛军的强大和唐玄宗的沉溺酒色与昏庸腐朽，再现了那场动摇大唐根基的叛乱的消息传入宫廷的场景。

渔阳鼙鼓动地来，惊破霓裳羽衣曲。
九重城阙烟尘生，千乘万骑西南行。

独乐寺局部（© 侯鑫）

忽然渔阳战鼓响，惊天动地震宫阙；惊坏跳舞的歌伎，停奏霓裳羽衣曲。九重城楼与宫阙，烽火连天杂烟尘；千军万马护君王，直向西南急逃奔。

看得见的大辽

辽（907—1125年）是我国契丹民族在北方建立的政权，曾经盛极一时。至今，在一些东欧和中亚国家的语言中，中国仍用“契丹”的音译，可见当时大辽的影响力之大。虽然辽代只有两百多年的历史，但是它在中国的历史长河中留下了浓墨重彩的一笔。

作为进入二十四史之一的辽，自诩正统，传承了很多唐朝文化。辽政权大致与北宋政权处于同时期，统治了中国北部地区。与北宋相比，辽更加崇尚唐代建筑的雄浑大气，遗留的建筑都堪称杰作。契丹人在统治北方的同时也受到佛教的深刻影响，大兴土木，修建佛寺。辽国汉人中的能工巧匠将唐代建筑工艺融入众多建筑之中。流传至今，辽代木构建筑虽然仅存八座，但这些建筑“学唐比宋”，是古代建筑史中重要的一环。

现存的八座辽构分别是山西省朔州市应县佛宫寺释迦塔（应县木塔）、山西省大同市华严寺薄伽教藏殿和善化寺大雄宝殿、天津市蓟州区独乐寺山门和观音阁、辽宁省锦州市义县奉国寺大雄殿、河北省保定市涞源县阁院寺文殊阁、河北省保定市高碑店市开善寺大雄宝殿。

“辽承唐风”，我们看辽构，更像是在透过辽构，缅怀那个开放包容、万国来朝的大唐盛世。

关于独乐寺的营造背景，相关资料少之又少，只在重修碑记上有寥寥数字“……辽统和二年，玉田韩氏倡首重建……”

1932 年，梁思成撰《蓟县独乐寺观音阁山门考》。该文章认为“尚父秦王者”为辽太祖异母弟耶律奴瓜。1980 年，莫宗江校订梁文，附注云:“查辽史，统和四年碑上提到的故尚父秦王，应是韩匡嗣。”韩匡嗣正是重修碑记上所写的“玉田韩氏”。

韩匡嗣的父亲是韩知古。韩知古的父亲韩融只是微不足道的地方小官——蓟州的司马。在辽太祖耶律阿保机平蓟州的过程中，韩融被淳钦皇后（述律平）的哥哥俘获。后述律平嫁给耶律阿保机，韩家人以陪嫁家奴身份入宫。韩知古赶上了耶律阿保机个人威望鼎盛和大辽版图扩张的双重风口，又因为其“善谋有识量”而成为耶律阿保机统治集团中的汉人心腹。《辽史·韩知古传》称其“总知汉儿司事，兼主诸国礼仪。时仪法疏阔，知古援据故典，参酌国俗，与汉仪杂就之，使国人易知而行。”韩知古不但总管“汉儿（汉人）”之事，还将汉人的管理制度与契丹人风俗“杂就之”。

韩知古有子十一人，其中就有倡修独乐寺的韩匡嗣。韩匡嗣自小就生活在辽国宫廷，与当时还未继位的辽景宗结为密友，后来被重用，封燕王、南京（今北京）留守。辽乾亨元年（979 年），韩匡嗣率大军与宋战，败绩。辽景宗大怒，欲杀之，睿智皇后（萧绰，小字燕燕）为其开解，韩匡嗣逃过一劫，被降为秦王。

韩匡嗣于 982 年去世。独乐寺重建是韩匡嗣在生前就谋划好的。独乐寺重建完成于辽统和二年（984 年）。韩匡嗣第三子韩德让展现出卓越的才干，位极人臣，是辽代最具传奇色彩的人物之一。他拥护辽圣宗及承天太后（萧绰，即萧太后）听政，主导了一系列辽国朝廷汉化的改革。韩德让拥有契丹族和汉族的血统，通晓契丹语、汉语。著名的“澶渊之盟”便是韩德让与萧太后发起并合作完成的，结束了宋辽之间长达四十余年的战争。韩德让可以说是影响了中国历史走向的重要人物。韩德让被辽圣宗以父礼之，逝世时以皇家葬礼待之，葬于萧太后墓侧。热门影视剧《燕云台》就是以萧太后和韩德让之间的故事为主线将观众带入大辽的历史风云中。

韩氏家族的发迹一方面是因为辽国需要利用汉人制度来统治汉人，另一方面是因为韩氏家族的契丹化程度非常高。从韩知古一代开始，韩氏家族与契丹贵族的联姻就已经开始，与契丹皇族逐渐融为一体。但韩家在融入契丹贵族的过程中，又极大地保留了汉人的文明礼仪，甚至推动辽国政权把汉人的礼仪制度确立为国家主要的礼仪制度，使契丹贵族也不断汉化。韩家既崇尚汉族文化，又具有契丹人尚武的特点。这也许是我们看到的辽代建筑、雕塑保留更多唐代风格的原因之一。

五代以来，建立家寺之俗盛于辽境，皇亲贵戚皆效仿此风。作为与耶律、萧氏两个家族相提并论的第三大家族，韩家自然也有此需求。重建的独乐寺，其性质疑为韩氏家寺，亦是汉人在辽国政治活动的体现。大同华严寺、蓟州独乐寺和义县奉国寺都与辽国萧太后和韩德让有密切的关系。一些史学家认为辽圣宗为萧太后在家乡义县建造了皇家寺院奉国寺，而韩德让的家乡是天津蓟州，故有人认为独乐寺就是韩氏家族的家庙。大同华严寺是萧太后执政时期的皇家寺庙，其显赫地位自不必说。

独乐寺不只是一座古老的寺庙，还是具有重要社会意义的标志性建筑，辽国在其占据的燕云十六州的蓟州修建这样一座寺庙，不得不承认独乐寺具有特殊的地位。

守望千年（© 侯鑫）

独乐寺全景（© 纪翔）

揭 秘

是谁发现了独乐寺?

谁是打开中国古老建筑奥秘的金钥匙?

为什么《蓟县独乐寺观音阁山门考》具有划时代的意义?

发 现

DISCOVERY

是谁『发现』了独乐寺

千百年来，独乐寺一直矗立在那里，但是并未被世人所熟知。在中国古建筑的研究史上，它的发现富有戏剧性。

在近代，最先发现独乐寺的不是以梁思成为代表的中国营造学社，而是一位在学界与营造学社具有同等地位的日本学者——关野贞。他是当时东亚非常重要的一位建筑史家、美术史家。1931 年 5 月，关野贞调查清东陵，驱车途经蓟州城，无意中透过车窗看到路边的一座古建筑，虽然有一道砖墙相隔，但仍遮挡不住建筑上巨大的四坡屋顶。关野贞“一瞥之下”就认定这是座非常古老的建筑，“遂停车，从旁小门进入”。

山门、山门后的高阁“观音阁”和这两座建筑里的大塑像都让关野贞无比兴奋。经过一番仔细观察，他判定：这些是辽代建筑、辽代塑像。他之所以能做出这样的判断，缘于他对东亚建筑研究的深厚积累。

关野贞从年轻的时候就实地考察研究过日本、中国等东亚范围内许多具有千年历史的古老建筑。他 64 岁前已 5 次来华，游历了中国的大江南北，经眼了众多的石刻碑碣、寺庙塔窟等，发表了很多介绍古迹的文章。这些文章成为海内外学界了解东亚古代文化的窗口。当关野贞置身独乐寺面对观音阁时，他立刻想到这与山西北部的辽代建筑具有相似的风格。关野贞集中分析了独乐寺建筑与其他辽代建筑的相同与不同，以相同确认了其确属辽代，而以不同探讨了辽代建筑风格之嬗变。

关野贞刚从独乐寺返回北平，就到宝珠子胡同造访中国营造学社。中国营造学社是于 1929 年在北平由朱启钤创办的、研究中国传统营造学的学术团体。学社从事古代建筑实例的调查、研究和测绘，以及文献资料的搜集、整理和研究，为中国古代建筑史研究作出了重大贡献。关野贞向营造学社社长朱启钤、文献部主任阚铎等人讲述了发现独乐寺的始末。不久之后，他就得到了阚铎帮助抄录的关于辽统和二年 (984 年) 再建观音阁的文献记载，这些记载刚好印证了关野贞的判断。

关野贞拍摄的独乐寺（组图）

不同于关野贞的巧遇，梁思成是有备而来的。

20 世纪 30 年代，日本学者认为日本有大量唐代建筑，而中国没有，研究东方古建筑要靠日本人，中国人没有这种能力。梁思成生于梁启超流亡日本时期，毕业于美国宾夕法尼亚大学建筑系。在美读书期间，父亲梁启超曾寄宋代李诫著的《营造法式》一书给梁思成，并在扉页上写道“俾永宝之”“此一千年前有此杰作，可为吾族文化之光宠也。”在父亲的激励下，他一直在思考怎样才能打开通向古建筑殿堂的大门。

朱启钤创立营造学社后，梁思成接受朱启钤邀请，到中国营造学社供职，并任法式部主任。他决心破解中国古代建筑中最神秘的“文法”。一个偶然的机会，梁思成与杨延宝（我国著名建筑师）交谈，杨延宝向梁思成提到有张外表古怪的寺庙照片，其斗拱令人印象深刻。斗拱是中国古建筑一个代表性特征，梁思成当即对那张照片产生了极大兴趣。于是连忙问“那个庙在哪里？”杨延宝思索了一下说：“照片上写着‘蓟县独乐寺’”。梁思成立马骑车奔向鼓楼，找到那张带有巨大、奇特的斗拱的照片，并与关野贞提供给营造学社的信息相关联。他震撼了，确信独乐寺是一处宋代以前的古建筑，遂决定去独乐寺实地考察。

然而这一年发生的九·一八事变，让整个华北、东北的局势变得复杂起来。一直到第二年的春天，梁思成才带助手和弟弟一起抵达独乐寺。他们如获至宝地进行测量与绘图，还登上观音阁，远眺远方的白塔，被优美的风景吸引，并且遍访耆老缙绅，了解独乐寺的历史。

回京后，在林徽因的协助下，梁思成撰成《蓟县独乐寺观音阁山门考》和《蓟县观音寺白塔记》。这两篇文章，是中国人第一次用现代科学方法测绘古建筑的调查报告，意义非凡。在报告里，梁思成对照 900 多年前宋代官修的建筑专书《营造法式》，把里边的很多名词、术语和独乐寺的山门、观音阁两座古老的建筑对应起来，系统、全面地介绍了独乐寺的历史与建筑艺术价值。独乐寺为解开宋代《营造法式》的秘密提供了绝好的物证，成为打开中国古建筑奥秘的金钥匙。

梁思成说独乐寺“上承唐代遗风，下启宋式营造，实研究中国建筑蜕变之重要资料，罕有之宝物也”“观音阁及山门最大之特征，而在形制上最重要之点，则为其与敦煌壁画中所见唐代建筑之相似也”。时至今日，想要亲身体会敦煌壁画里类似的唐代场景，来独乐寺最为合适。

梁思成在独乐寺

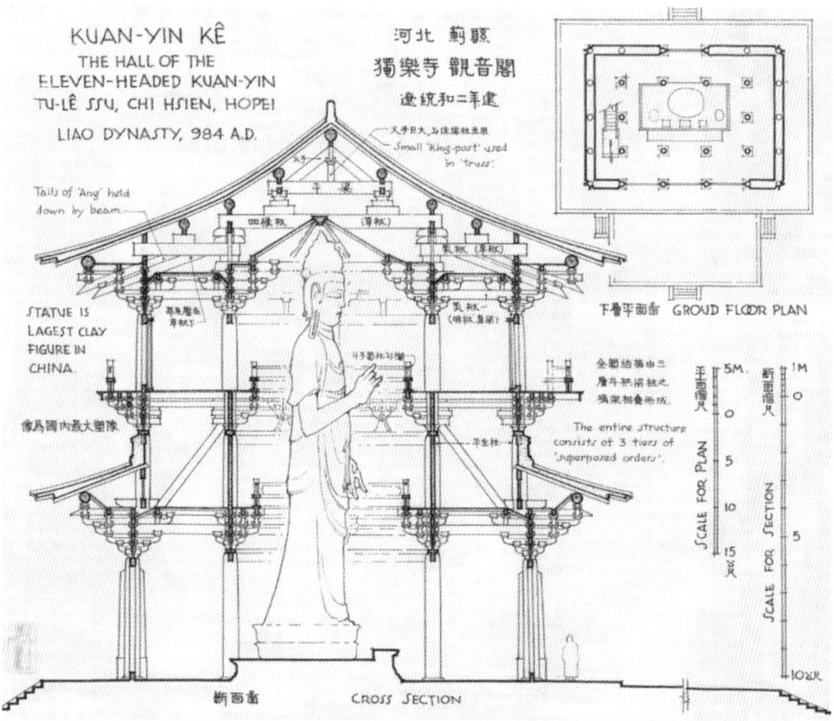

梁思成独乐寺观音阁测绘图

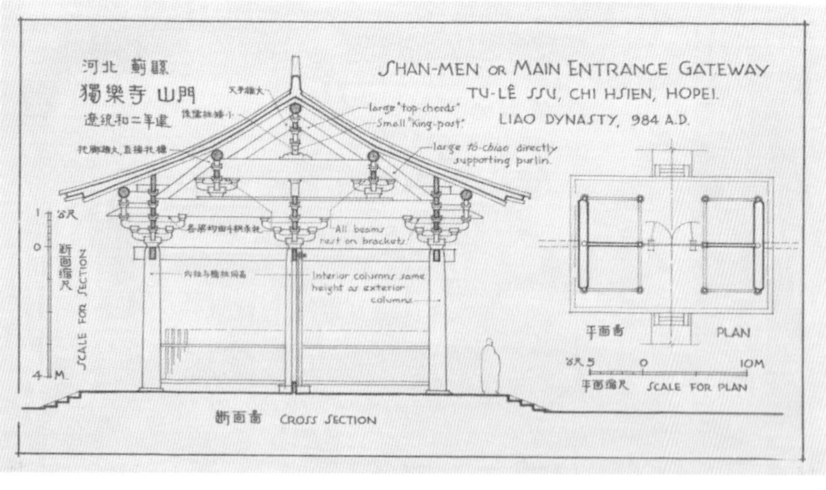

梁思成山门测绘图

独乐寺旧照（组图，营造学社摄）

独乐寺旧照（营造学社摄）

在这里，一定要提的还有一位著名的建筑学家——陈明达。

当年梁思成在独乐寺可能只待了两三天，拍照和简单测量后就离开了，剩下的测量和绘图工作都是由陈明达与莫宗江等人来完成的。陈明达于 1932 年加入中国营造学社，师从梁思成、刘敦桢，毕生致力于重新发展中国古代建筑学体系，以宋代《营造法式》专项研究享誉中外。陈明达的主要著作包括《应县木塔》《营造法式大木作研究》《中国古代木结构建筑技术》以及《陈明达建筑与雕塑史论》等。他的研究风格与梁思成非常相似，两人在建筑学术领域都有很深的造诣。

早在 1984 年，陈明达曾评价道："独乐寺两建筑，按现存古建筑年代排列，名居第七，但若论技术之精湛、艺术之品第，均应推为第一，可以说是现存古建筑中的上上品，最佳的范例。"1990 年，陈明达完成了一篇重要的文稿《独乐寺观音阁、山门的大木作制度》。在此文中，作者似乎完全进入古代建筑师的世界，复原辽宋时期的建筑语言，使用"材份""宋尺""标准间广""数字比例""方格网"等传统语言和工具，以缜密的逻辑推演向我们展示古代建筑师设计一个建筑组群的过程，追索出若干条中国建筑在结构力学、建筑美学等方面的独到建树。这篇《独乐寺观音阁、山门的大木作制度》与梁思成的《蓟县独乐寺观音阁山门考》，各自代表了所处时代学术研究的最高水平。

《蓟县独乐寺观音阁山门考》绪言及总论

绪　言

近代学者治学之道，首重证据，以实物为理论之后盾，俗谚所谓“百闻不如一见”，适合科学方法。艺术之鉴赏，就造形美术言，尤须重“见”。读跋千篇，不如得原画一瞥，义固至显。秉斯旨以研究建筑，始庶几得其门径。

我国古代建筑，征之文献，所见颇多，《周礼·考工》《阿房宫赋》《两都》《两京》，以至《洛阳伽蓝记》等等，固记载详尽，然吾侪所得，则隐约之印象，及美丽之辞藻，调谐之音节耳。明清学者，虽有较专门之著述，如萧氏《元故宫遗录》，及类书中宫室建置之辑录，然亦不过无数殿宇名称，修广尺寸，及“东西南北”等字，以标示其位置，盖皆“闻”之属也。读者虽读破万卷，于建筑物之真正印象，绝不能有所得，犹熟诵《史记》“隆准而龙颜，美须髯；左股有七十二黑子”，遇刘邦于途，而不之识也。

造形美术之研究，尤重斯旨，故研究古建筑，非作遗物之实地调查测绘不可。

我国建筑，向以木料为主要材料。其法以木为构架，辅以墙壁，如人身之有骨节，而附皮肉。其全部结构，遂成一种有机的结合。然木之为物，易朽易焚，于建筑材料中，归于“非永久材料”之列，较之铁石，其寿殊短；用为构架，一旦焚朽，则全部建筑，将一无所存，此古木建筑之所以罕而贵也。然若环境适宜、保护得法，则千余年寿命，固未尝为不可能。去岁西北科学考察团自新疆归来，得汉代木简无数，率皆两千年物，墨迹斑斓，纹质如新。固因沙漠干燥，得以保存至今；然亦足以证明木寿之长也。

至于木建筑遗例，最古者当推日本奈良法隆寺飞鸟期诸堂塔，盖建于我隋代，距今已千三百载。然日本气候湿润，并非特宜于木建筑之保存，其所以保存至今日者，实因日本内战较少，即使有之，其破坏亦不甚烈，且其历来当道，对于古物尤知爱护，故保存亦较多。至于我国，历朝更迭，变乱频仍，项羽入关而“咸阳宫室火三月不灭”，二千年来革命元勋，莫不效法项王，以逞威风，破坏殊甚。在此种情形之下，古建筑之得幸免者，能有几何？故近来中外学者所发现诸遗物中，其最古者寿亦不过八百九十余岁，未尽木寿之长也。

蓟县独乐寺观音阁及山门，皆辽圣宗统和二年重建，去今（民国二十一年）已九百四十八年，盖我国木建筑中已发现之最古者。以时代论，则上承唐代遗风，下启宋式营造，实研究我国建筑蜕变上重要资料，罕有之宝物也。

翻阅方志，常见辽宋金元建造之记载；适又传闻阁之存在，且偶得见其照片，一望而知其为宋元以前物。平蓟间长途汽车每日通行，交通尚称便利。二十年秋，遂有赴蓟计划。行装甫竣，津变爆发，遂作罢。至二十一年四月，始克成行。实地研究，登檐攀顶，逐部测量，速写摄影，以纪各部特征。

归来整理，为寺史之考证，结构之分析及制度之鉴别。后二者之研究方法，在现状图之绘制；与唐、宋（《营造法式》）、明、清（《工程做法则例》）制度之比较；及原状图之臆造（至于所用名辞，因清名之不合用，故概用宋名，而将清名附注其下）。计得五章，首为总论，将寺阁主要特征，先提纲领。次为寺史及现状。最后将观音阁山门作结构及制度之分析。

除观音阁、山门外，更得观音寺辽塔一座，附刊于后。

此次旅行，蒙清华大学工程学系教授施嘉炀先生惠借仪器多种，蓟县王子明先生及蓟县乡村师范学校校长刘博泉，教员王慕如、梁伯融，工会杨雅园诸先生多方赞助，与以种种便利。而社员邵力工、舍弟梁思达同行，不唯沿途受尽艰苦，且攀梁登顶，不辞危险，尤为难能。归来研究，得内子林徽因在考证及分析上，不辞劳，不惮烦，与以协作；又蒙清华大学工程教授蔡方荫先生在比较计算上与以指示，始得此结果。而此次调查旅行之可能，厥为社长朱先生之鼓励及指导是赖，微先生之力不及此，尤思成所至感者也。

总 论

独乐寺观音阁及山门，在我国已发现之古木建筑中，固称最古，且其在建筑史上之地位，尤为重要。统和二年为宋太宗之雍熙元年，北宋建国之第二十四年耳。上距唐亡仅七十七年，唐代文艺之遗风，尚未全靡；而下距《营造法式》之刊行尚有百十六年。《营造法式》实宋代建筑制度完整之记载，而又得幸存至今日者。观音阁、山门，其年代及形制，皆适处唐宋二式之中，实为唐、宋间建筑形制蜕变之关键，至为重要。谓为唐、宋间式之过渡式样可也。

独乐寺伽蓝之布置，今已无考。隋唐之制，率皆寺分数院，周绕回廊。今观音阁、山门之间，已无直接联络部分；阁前配殿，亦非原物，后部殿宇，更无可观。自经乾隆重修，建筑落于东院，寺之规模，更完全更改，原有布置，毫无痕迹。原物之尚存者惟阁及山门。

观音阁及山门最大之特征，而在形制上最重要之点，则为其与敦煌壁画中所见唐代建筑之相似也。壁画所见殿阁，或单层或重层，檐出如翼，斗拱（原文为“斗栱”，本书均用“斗拱”）雄大。而阁及门所呈现象，与清式建筑固迥然不同，与宋式亦大异，而与唐式则极相似。熟悉敦煌壁画中净土图者，若骤见此阁，必疑身之已入西方极乐世界矣。

其外观之所以如是者，非故仿唐形，乃结构制度，仍属唐式之自然结果。而其结构上最重要部分，则木质之构架——建筑之骨干——是也。

其构架约略可分为三大部分：柱，斗拱，及梁枋。

观音阁之柱，权衡颇肥短，较清式所呈现象为稳固。山门柱径亦如阁，然较阁柱犹短。至于阁之上中二层，柱虽更短，而径不改，故知其长与径，不相牵制，不若清式之有一定比例。此外柱头削作圆形，柱身微侧向内，皆为可注意之特征。

斗拱者，中国建筑所特有之结构制度也。其功用在梁枋等与柱间之过渡及联络，盖以结构部分而富有装饰性者。其在中国建筑上所占之地位，犹柱式（order）之于希腊、罗马建筑；斗拱之变化，谓为中国建筑制度之变化，亦未尝不可，犹柱式之影响欧洲建筑，至为重大。

唐、宋建筑之斗拱以结构为主要功用，雄大坚实，庄严不苟。明清以后，斗拱渐失其原来功用，日趋弱小纤巧，每每数十攒排列檐下，几成纯粹装饰品，其退化程度已陷井底，不复能下矣。

观音阁、山门之斗拱，高约柱高一半以上，全高三分之一，较之清式斗拱——合柱高四分或五分之一，全高六分之一者，其轻重自可不言而喻。而其结构，与清式、宋式皆不同；而种别之多，尤为后世所不见。盖古之用斗拱，辄视其机能而异其形制，其结构实为一种有机、有理的结合。如观音阁斗拱，或承檐，或承平坐，或承梁枋，或在柱头，或转角，或补间，内外上下，各各不同，条理井然。各攒斗拱，皆可作建筑逻辑之典型。都凡二十四种，聚于一阁，诚可谓集斗拱之大成者矣！

观音阁及山门上梁枋之用法，尚为后世所常见，皆为普通之梁，无复杂之力学作用。其与后世制度最大之区别，乃其横断面之比例。梁之载重力，在其高度，而其宽度之影响较小；今科学造梁之制，大略以高二宽一为适宜之比例。按清制高宽为十与八或十二与十之比，其横断面几成正方形。宋《营造法式》所规定，则为三与二之比，较清式合理。而观音阁及山门（辽式）则皆为二与一之比，与近代方法符合。岂吾侪之科学知识，日见退步耶！

其在结构方面最大之发现则木材之标准化是也。清式建筑，皆以“斗口”为单位，凡梁柱之高宽，面阔进深之修广，皆受斗口之牵制。

制至繁杂，计算至难；其“规矩”对各部分之布置分配，拘束尤甚，致使作者无由发挥其创造能力。古制则不然，以观音阁之大，其用材之制，梁枋不下千百，而大小只六种。此种极端之标准化，于材料之估价及施工之程序上，皆使工作简单。结构上重要之特征也。

观音阁天花，亦与清代制度大异。其井口甚小，分布甚密，为后世所不见。而与日本镰仓时代遗物颇相类似，可相较鉴也。

阁与山门之瓦，已非原物。然山门脊饰，与今日所习见之正吻不同。其在唐代，为鳍形之尾，自宋而后，则为吻，二者之蜕变程序，尚无可考。山门鸱尾，其下段已成今所习见之物，而上段则尚为唐代之尾，虽未可必其为辽原物，亦必为明以前按原物仿造，亦可见过渡形制之一般。砖墙下部之裙肩，颇为低矮，只及清式之半，其所呈现象，至为奇特。山西北部辽物亦多如是，盖亦其特征之一也。

观音阁中之十一面观音像，亦统和重塑，尚具唐风，其两旁侍立菩萨，与盛唐造像尤相似，亦雕塑史中之重要遗例也。

考察中的梁思成

觀音閣
民國二十一年

独乐寺观音阁南立面图（中国营造学社旧图，梁思成、莫宗江绘制，1932 年）

揭 秘

独乐寺有哪三绝?

独乐寺建筑有几个之最?

独乐寺为何屹立千年而不倒?

古代如何做到建筑的标准化?

千年来十一面观音如何“观照”世人?

壁画中隐藏着怎样的文化密码?

探 索

EXPLORATION

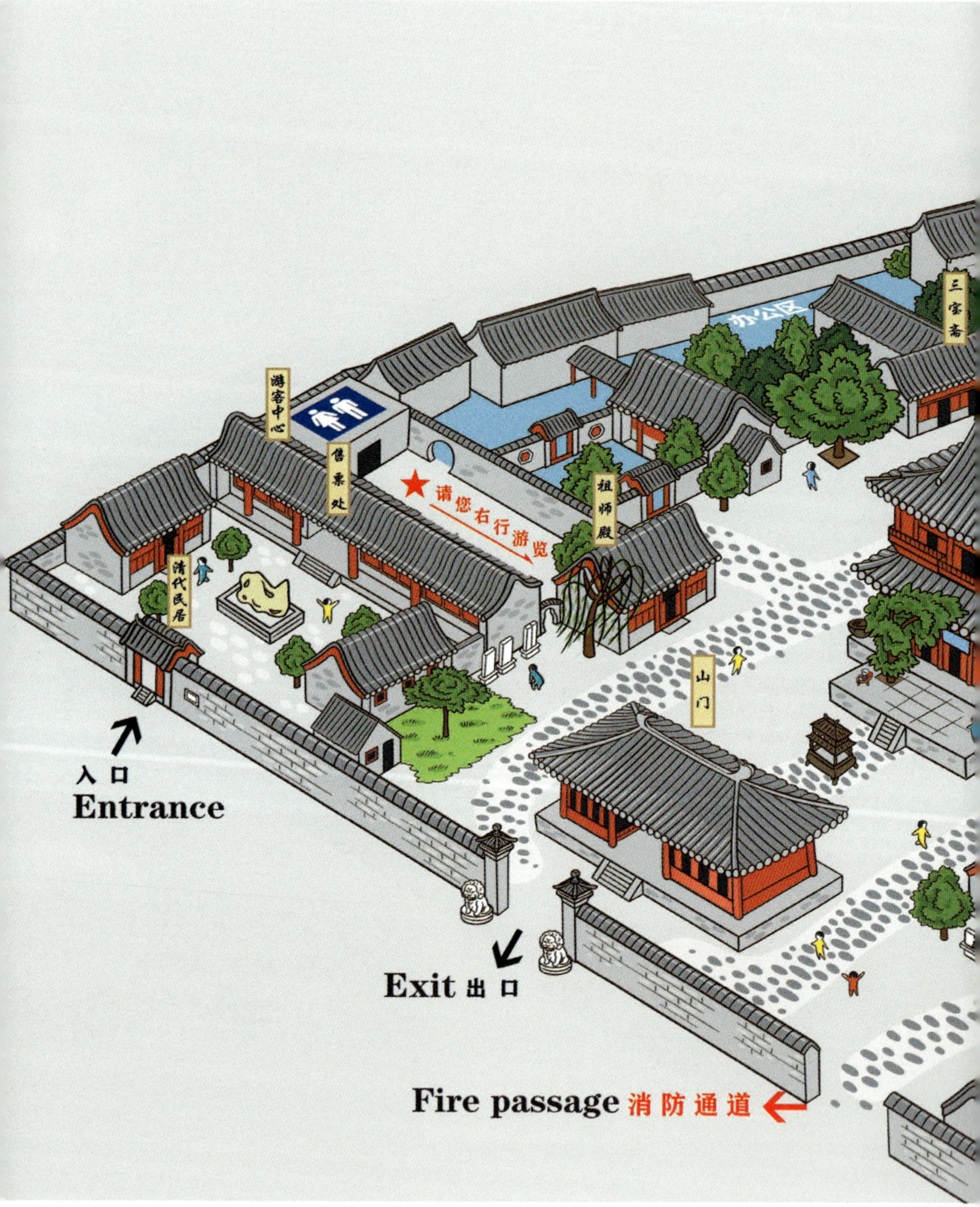

游客中心
售票处
办公区
三宗斋
★请您右行游览
祖师殿
清代民居
山门
入口
Entrance
Exit 出口
Fire passage 消防通道

独乐寺导览图

现在的独乐寺以中路的山门、观音阁、韦驮亭、报恩院及左右配殿，东、西二侧的乾隆行宫、僧房等建筑组成。虽然规模尚可，但是除山门、观音阁为辽代建筑外，其余建筑都是明清时期及以后所建。

独乐寺观音阁、山门这两座辽代建筑遗构在中国建筑史上占有非常独特的一页：大时代已跨入北宋时期，而与北宋毗邻的辽王朝却因为文化倾向上的取舍，在建筑方面具有与北宋大致相同的技术水准，而在艺术风格上却

俯瞰独乐寺（© 纪翔）

更多地继承了唐代的雄健豪迈的风气，故现存的辽代建筑遗构几乎个个都是上佳之作。其中辽宁义县奉国寺大雄殿、山西大同华严寺大雄宝殿以大体量、大气势雄冠一时；山西应县木塔是建筑技术水准的巅峰之作。蓟县独乐寺两建筑则诚如陈明达在另一篇文章中所评价，“若论技术之精湛、艺术之品第，均应推为第一，可以说是现存古建筑中的上上品”。（引自《蓟县独乐寺》王其亨代序部分）

雄劲的唐风辽构
——建　筑

BUILDING

· 观音阁
· 山　门
· 韦驮亭
· 报恩院
· 乾隆行宫
· 白　塔

正看观音阁（© 纪翔）

观音阁

因需介绍一些古建筑语汇，故此处略过山门先介绍观音阁。

独乐寺观音阁是唐辽之际的惊鸿瑰宝，是敦煌壁画里藏着的“唐风佛阁”。 雄大的斗拱美轮美奂，在繁复交错间造就了中国古建筑的极致之美。1932 年营造学社来独乐寺第一次考察之前，梁思成只在敦煌壁画图册里见过唐代殿堂与楼阁，到独乐寺终于见到了这唐风甚劲的实物，不禁激动万分。

结构与布局

观音阁为寺内的主体建筑，是我国现存最古老的木结构楼阁，在艺术风格上保持了唐朝建筑的浑厚特点。观音阁通高约 23 米。设计匠心独具，全部结构围绕中间的巨型观音像建造，28 根立柱形成内外两圈，有序排列，柱上置斗拱，斗拱上架梁枋，其上再立木柱、斗拱和梁枋。将观音阁构造按层拆解，可看出全阁可分解为柱额与斗拱相间交错重叠的 6 层结构，再加最上层屋架，共 7 个构造层。整个楼阁内梁、柱、斗、枋等数以千计，并结成一个整体，赋予建筑巨大的抗震能力。

观音阁面阔五间，进深八椽，屋顶为歇山式样。外观两层，有腰檐、平坐（高台或楼层用斗拱等支撑结构挑出用于登临眺望的平台），因中间有暗层，故内部实际是三层。斗拱用材硕大，种类繁多。这种外观的选择实际是为了容纳约16米高的观音塑像。根据观音塑像的大小，观音阁内槽设三间四椽，两侧的外槽为壁画所在，均设一间两椽，因此观音阁共计五间八椽。

楼阁内部要安置高达约16米的巨像，室内必须是一个通联上下的高旷空间，在当时的结构形式中，只有殿堂结构形式才能胜任。为满足摆放观音像的需求，观音阁需要选择中间没有柱子的平面结构，故采用宋代《营造法式》中提到的“金厢斗底槽”式样，并在二层形成六边形的井口。

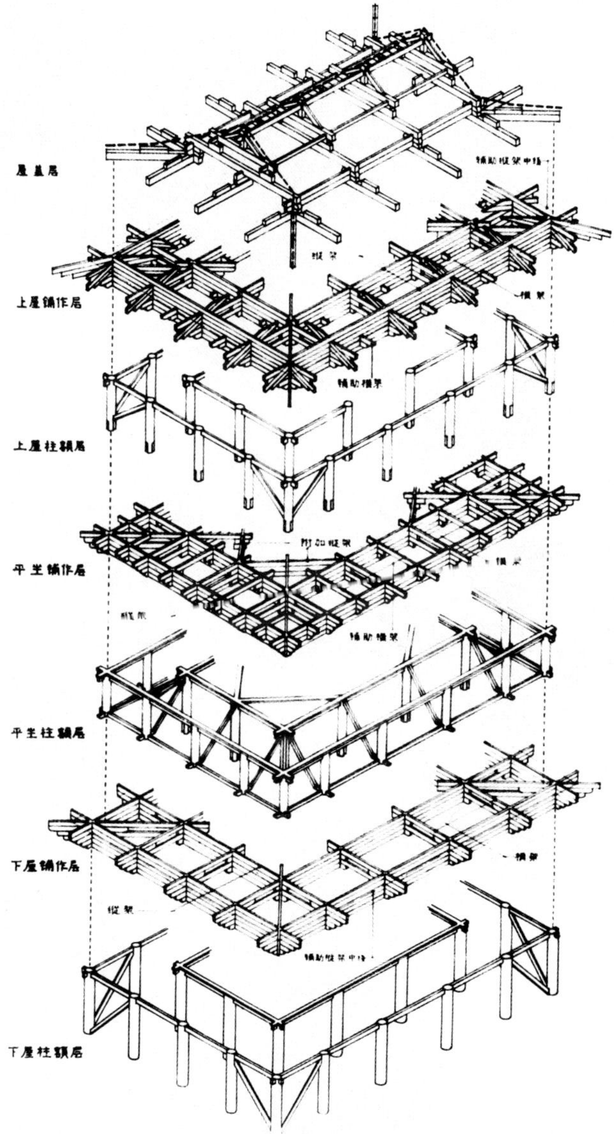

观音阁分层构造分析图（© 陈明达）

雨后观音阁 © 徐健

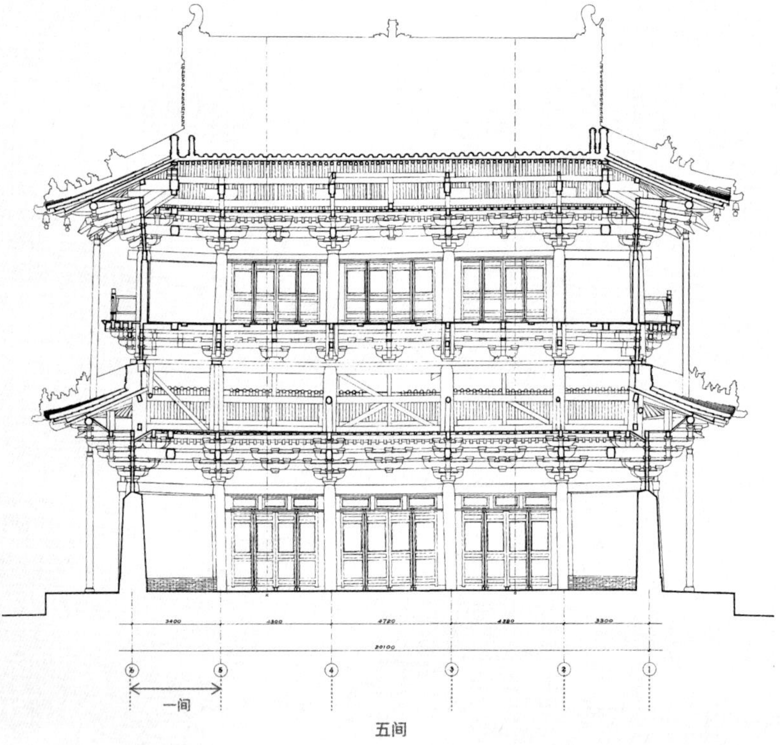

观音阁五间
（底图来源：天津大学建筑系 20 世纪 90 年代实测图 ）

观音阁八椽
（底图来源：天津大学建筑系20世纪90年代实测图）

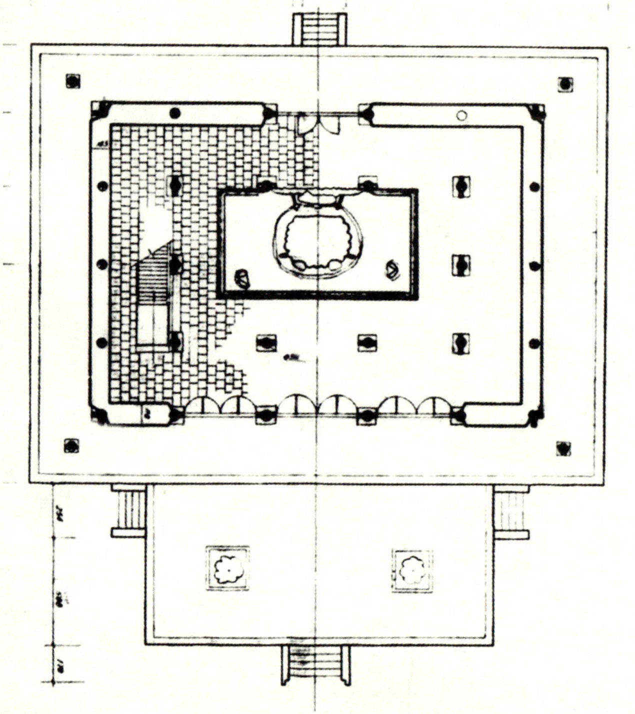

观音阁首层平面（金厢斗底槽）
（来源：古代建筑修整所实测图， 20 世纪六七十年代）

观音阁的空间布局非常恰当、紧凑，有人认为观音阁的开间比山门小，同时外槽过于狭窄，整体形象不够宏伟。因此陈明达在研究中，将观音阁的外槽扩大并等比例放大观音阁，但是发现在高度和宽度都只增加3米多的情况下，工程造价增幅竟达50%，如此高的造价让规模扩大显得并不合适；而如果只增加副阶，即在建筑主体外再加一圈回廊以扩大整体体量，那么观音像的二层观赏视线则从观音的胸口被提到脖子，观赏效果不佳。同样值得一提的是，由于暗层的出现，观音像自上而下形成了明-暗-明的光影关系，正是暗合了“虚实相间、明暗相济、阴阳相合”的禅意。可见设计者对观音阁的空间比例把控是非常考究的。

【小贴士】

金厢斗底槽——宋代《营造法式》中列举的四种空间划分方法（单槽、双槽、分心斗底槽、金厢斗底槽）之一。其特点是殿身内有一圈柱列与斗拱，将殿身空间划分为内外两层空间，外层环包内层。内外柱高相等，但柱径略有差别。

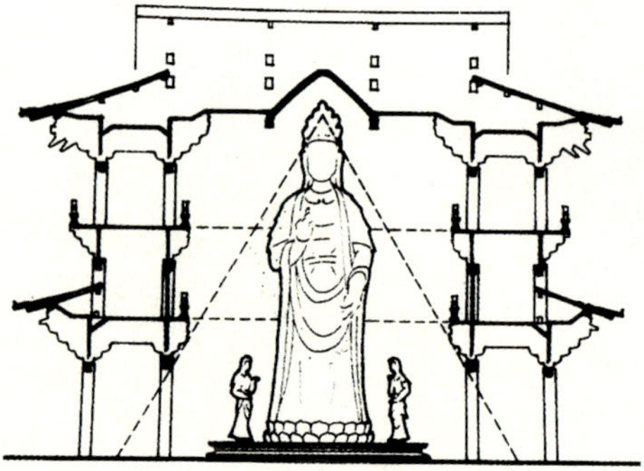

甲. 观音閣实测标准間廣、层
高十七材(255份).

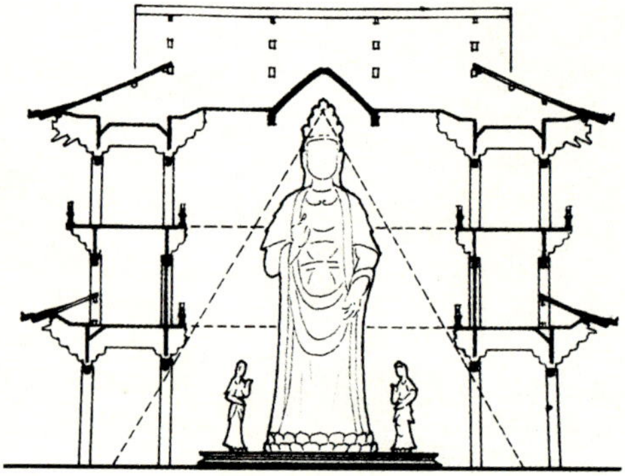

乙. 假定标准間廣、层高增加
至二十材(300份).

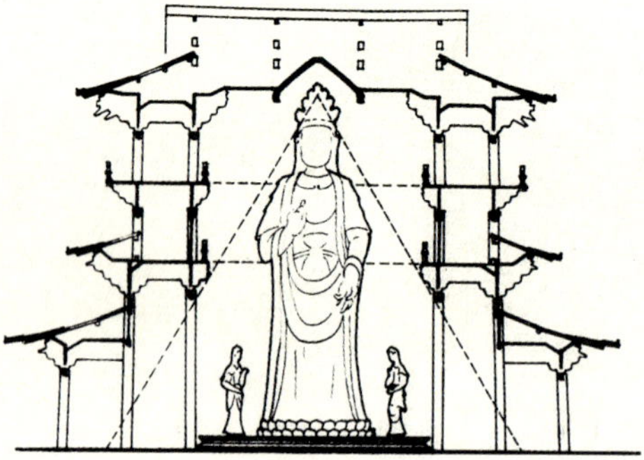

丙. 假定标准間廣、层高仍用
十七材,增加副阶.

观音阁改变规格后的不同结果（组图，© 陈明达）

观音阁内结构以及观音像的明暗明关系
（注：为展示阁内总体结构，此图为拼接而成，© 侯鑫）

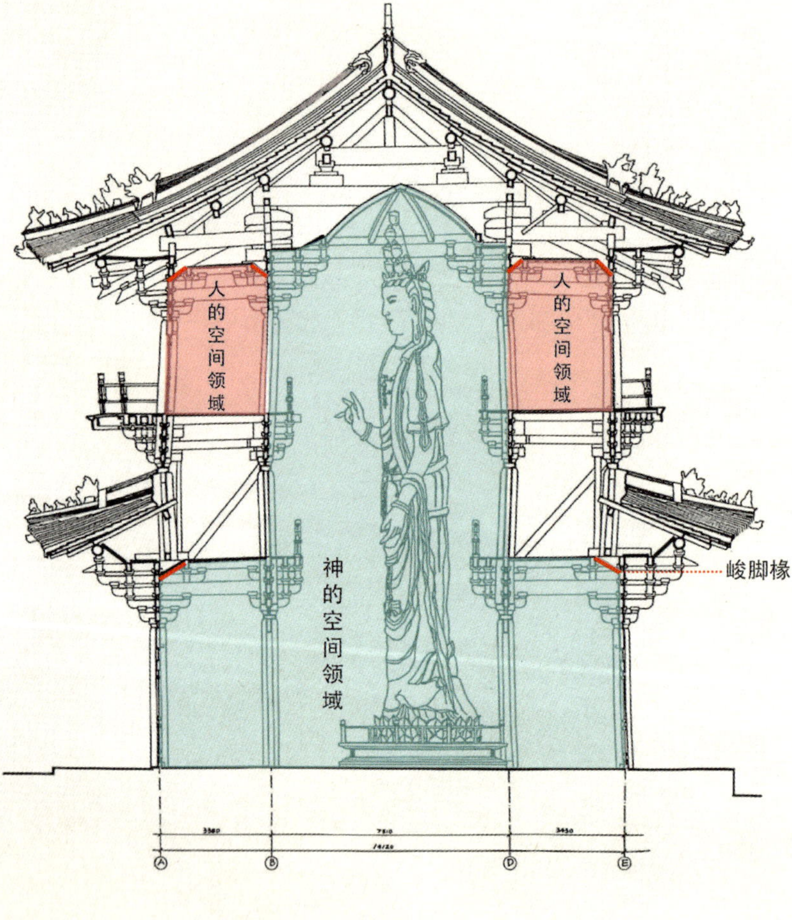

人的空间领域与神的空间领域
（底图来源：天津大学建筑系 20 世纪 90 年代实测图）

在细节上，一层的外檐斗拱里转，使用峻脚椽，这样内部的空间感就从一层外槽通过内槽一直延伸到屋顶，而二层的外槽两边都是峻脚椽，空间感因此与内部观音像所在空间分割开来，形成了人的空间领域与神的空间领域。二层的六角形井口除了增强建筑的抗震性，还增加了人们近距离感受佛像的空间。同时，游客从一层向上望的时候，视线会依次穿过长方形和六角形的开口，体验不一样的空间感受。除此之外还有一些细节，包括二层去掉阑额，这都是为了不遮挡观音的眼睛，向外延伸的平台为游人近距离观赏匾额提供了空间。

观音阁内套六角开口（© 侯鑫）

屋顶

观音阁是典型的歇山顶建筑。它硕大的斗拱、如翼的檐角、阁顶和缓的坡度，以及古朴壮观的建筑风格，都体现了古人的智慧。

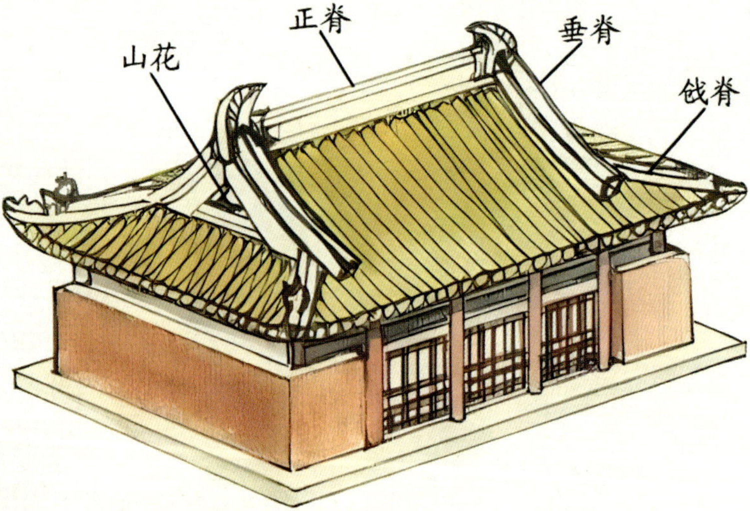

歇山顶结构示意图

【小贴士】

歇山顶，即歇山式屋顶，宋朝称九脊殿、曹殿或厦两头造，清朝改今称，又名九脊顶，为古代中国建筑屋顶样式之一。歇山顶的样式最早可见于汉阙石刻，在汉代的明器、北朝石窟的壁画上，也都可看到歇山顶。现存最早的歇山式建筑是五台山的唐代南禅寺大殿。它由一条正脊、四条垂脊和四条戗脊组成，由于正脊两端到屋檐处中间折断了一次，分为垂脊和戗脊，好像“歇”了一歇，故名歇山顶。歇山顶常用于宫殿中的次要建筑和住宅园林中，也有单檐、重檐的形式，如北京故宫的保和殿就是重檐歇山顶。所谓重檐，就是在基本歇山顶的下方，再加上一层屋檐。

在中国古代，建筑屋顶的样式有严格的等级限制，不同样式代表不同的礼制等级。屋顶等级从高到低依次为重檐庑殿顶、重檐歇山顶、单檐庑殿顶、单檐歇山顶、悬山顶、硬山顶。但建筑的整体等级还需要考虑多种因素。

歇山式的屋顶两侧形成的三角形墙面称为山花。山面有博风板，山花和博风板之间有段距离，可形成阴影。为了使屋顶不过于庞大，山花还要从山面檐柱中线向内收进，这种做法叫收山。歇山顶屋脊上有各种脊兽装饰，其中正脊上有吻兽或望兽，垂脊上有垂兽，戗脊上有戗兽和仙人走兽，其数量和用法都是有严格等级限制的。

观音阁歇山顶（© 侯鑫）

观音阁脊兽装饰（组图，© 纪翔）

存放于建筑学社展览厅的辽代原物脊兽——于20世纪90年代由独乐寺观音阁上取下保存，其形态样式是多民族文化融合交流的完美体现

陈明达对山门和观音阁两组建筑做了深入研究，根据大木作制度对两座建筑中使用的“材份”制度作了大量描述。

【小贴士】

材份制是我国古代建筑中的一种建筑模数制度。材本来是指具体的矩形截面枋料。据宋《营造法式》记载，这种矩形截面枋料的截面高度被定为度量的基本单位——材。1/15 材的截面高度为 1 份，材的高宽比为 3:2，故宽为 10 份。《营造法式》规定：“凡构屋之制，以材为祖，材有八等，度屋之大小，因而用之。” 宋《营造法式》中的材份制，先以具体尺寸、具体比例定出 8 个等级的拱或枋的木材截面，每一等“材”都是一个标准的矩形截面。在古建筑设计施工中，房屋大小、构件长短等，一般先以份数确定比例关系，然后按照相应的材份等级来代入具体尺寸进行建造。有了标准化的材份模数制度，即使遇到大规模的工程，也可以同期、同时、分散、分区、多快好省地加工建筑构件，然后集中统一进行装配施工，快速高效。这在古代建筑生产中发挥了重要作用。《营造法式》材份制度规定：材——高 15 份，宽 10 份，称为“单材”；栔，高 6 份，宽 4 份，是一种辅助单位；足材——高 21 份，宽 10 份，足材的高度等于单材高度加栔的高度。

观音阁、山门的用材都是经过精心安排的。尺寸较为接近的料被分为五组，尺寸最小的一组用于观音阁平坐，次一组用于山门。其他三组分别用于观音阁下屋身内、上屋及下屋外檐。又因这三组的尺寸相差不大，只需配以不同的栔高，就可以使足材均取得相等的高度。这种用材不一致的现象，应与原材料有关。例如《营造法式》卷二十六中之“大木作料例”列出了十四种木材规格，其中每一种都不是固定的、绝对的尺寸。据此理解，当时林场采伐加工所生产出的方料，只有一个大致的规格。每项工程所选购的材料，只能大致相符，很难完全符合某一绝对规格。

因此如何使用这些材料就在于主持工程的匠师了。这就要求他们量材施用，使规格相差不大的料，都能被适当使用。观音阁是多层房屋，采用楼阁结构形式，工匠将规格不同的料分成几组，供上屋、下屋、平坐或楼外檐、身内等不同部位使用。这种量材施用的方法，可以避免将尺寸略小的料废弃，也不必将尺寸略大的料加工做小。

根据《营造法式》制度，殿身五至七间用二等材，三至五间用三等材，殿三间、厅堂五间用四等材。即殿身五间可以用二等材或三等材，殿身三间可以用三等材或四等材。实际上，观音阁用二等材，山门用材减阁一等，用三等材。综上所述，可知古代匠人在做初步设计时，只需依据建筑物的使用要求，便可确定间、椽数，并且由间、椽数确定屋顶形式。而当时间椽与柱高、楼阁层高、屋顶形式、结构形式等，都有一定的制度。间、椽一经确定，其他各项几乎是必然的结果。这应归功于当时建筑设计的标准化。

我国古代建筑很早就实现了标准化与定型化。标准化的重要内容之一就是普遍制定了规范，宋代的《营造法式》详尽记录了当时的规范。独乐寺两建筑的规范绝大部分与《营造法式》的规范相同或相近，可证《营造法式》规范来自更早期的传统。

斗拱——古建筑之花

用柱子而非墙体承重的木构架形式是中国古代建筑的一大特点，这种结构能实现“墙倒屋不塌”的效果。将柱、梁等承重木构件紧密结合、织成一体的就是斗拱。梁思成在《蓟县独乐寺观音阁山门考》中，就以独乐寺建筑为例，充分说明并着重强调斗拱之于中国建筑的作用与地位，“斗拱之变化，谓为中国建筑制度之变化，亦未尝不可，犹柱式之影响欧洲建筑，至为重大。”

大木作制

材 凡構屋之制，皆以材為祖；材有八等，度屋之
分為其厚。凡屋宇之高深，名物之短長，曲直舉折
栔（音"至"）廣六分，厚四分。材上加栔者，謂之足材。

第一等	第二等	第三等	第四等
廣九寸 厚六寸	廣八寸二分五厘 厚五寸五分	廣七寸五分 厚五寸	廣七寸二分 厚四寸八分
殿身九間至十一間用之。副階并挾屋材分，減殿身一等；廊屋減挾屋一等。	殿身五間至七間則用之。	殿身三間至五間，或堂七間則用之。	殿三間，廳 五間則用

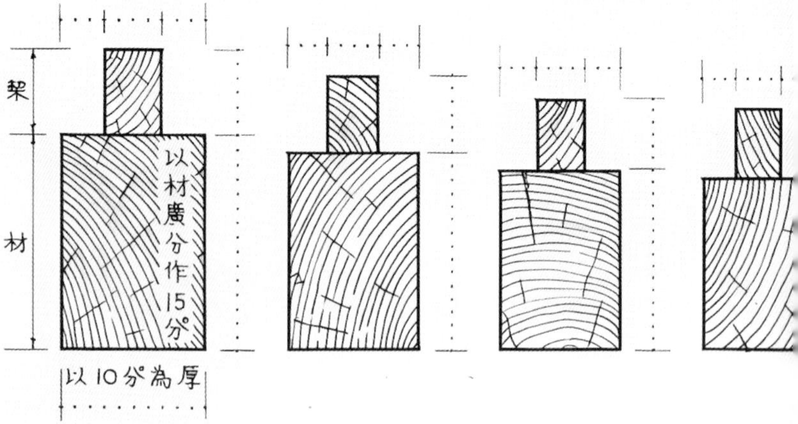

圖樣

用之。各以其材之廣，分為十五分，以十

繩墨之宜，皆以所用材之分，以為制度焉。

五等	第六等	第七等	第八等
廣六寸六分 厚四寸四分	廣六寸 厚四寸	廣五寸二分五厘 厚三寸五分	廣四寸五分 厚三寸
三間廳 大間則 之。	亭榭或小廳堂用之。	小殿及亭榭等用之。	殿內藻井，或小亭榭施鋪作多則用之。

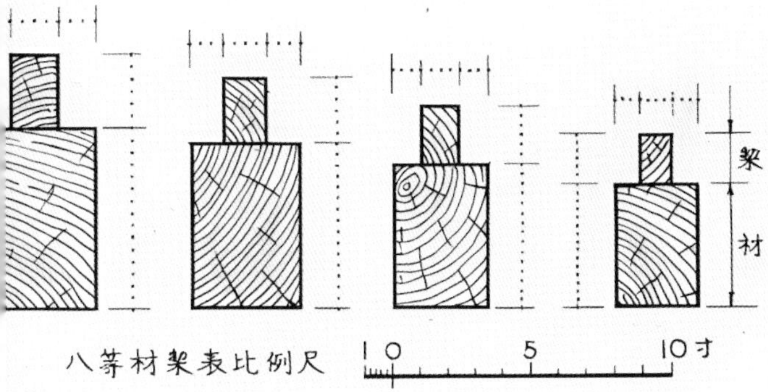

大木作制度中的八等材

【小贴士】

斗拱由一层层斗和拱纵横叠加构成，斗与拱之间完全用榫卯连结，不用一根铁钉，充分表现了中国木结构柔性连接的特性。早在秦汉时期，青铜器上就出现了斗拱，斗拱体系开始萌芽。三国、两晋、南北朝时期建筑形式趋于成型，形成了比较明确的斗拱处理方式。到了宋代，斗拱体系开始变得成熟、精致，尺寸逐渐变小，走向柔美瑰丽。“铺作”是唐宋时期对斗拱计数单位的称呼，就是自斗拱最底层的斗算起，每铺加一层构件，算是一铺作。至明清代，铺作才称斗拱。

“斗”是斗拱中承托“拱”和“昂”的方形木块。“拱”是置于坐斗口内与建筑物正面平行的上弯弓形木。昂位于斗拱前后中线，且向前后纵向伸出贯通斗拱的里外跳，前端有尖斜向下，尾则向上伸至屋内。

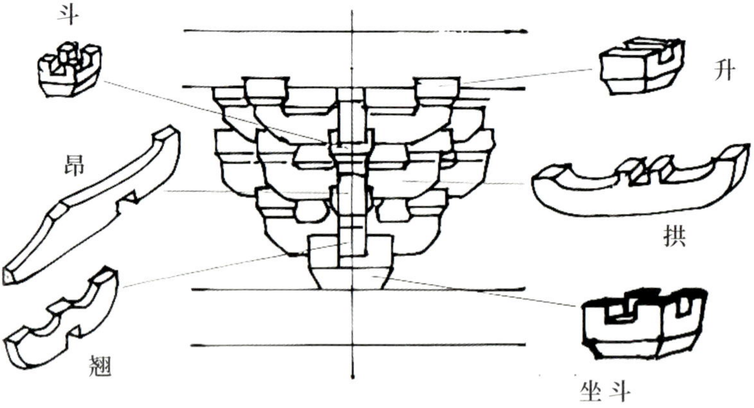

斗拱示意图

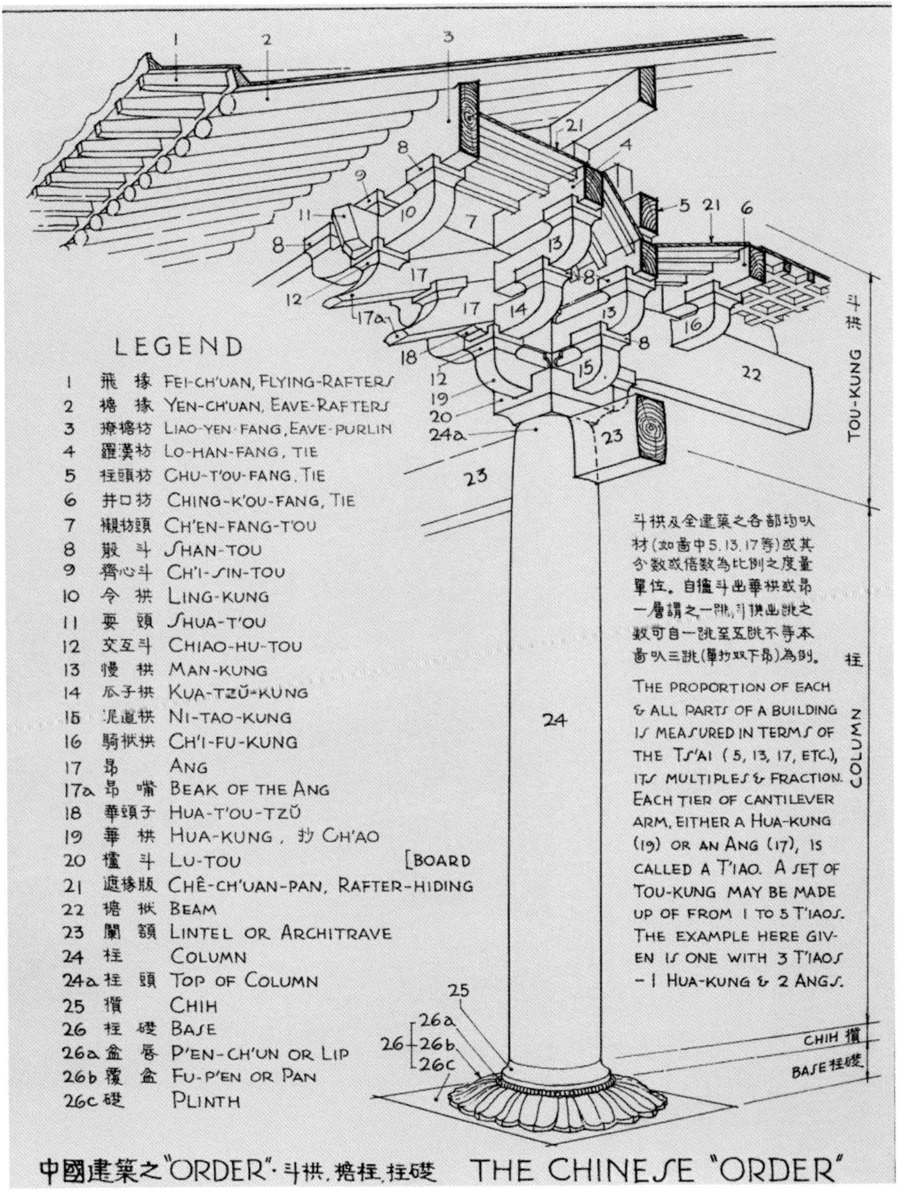
LEGEND
1 飛椽 FEI-CH'UAN, FLYING-RAFTERS
2 檐椽 YEN-CH'UAN, EAVE-RAFTERS
3 撩檐枋 LIAO-YEN-FANG, EAVE-PURLIN
4 羅漢枋 LO-HAN-FANG, TIE
5 柱頭枋 CHU-T'OU-FANG, TIE
6 井口枋 CHING-K'OU-FANG, TIE
7 襯枋頭 CH'EN-FANG-T'OU
8 散斗 SHAN-TOU
9 齊心斗 CH'I-SIN-TOU
10 令拱 LING-KUNG
11 耍頭 SHUA-T'OU
12 交互斗 CHIAO-HU-TOU
13 慢拱 MAN-KUNG
14 瓜子拱 KUA-TZŬ-KUNG
15 泥道拱 NI-TAO-KUNG
16 騎栿拱 CH'I-FU-KUNG
17 昂 ANG
17a 昂嘴 BEAK OF THE ANG
18 華頭子 HUA-T'OU-TZŬ
19 華拱 HUA-KUNG, 抄 CH'AO
20 櫨斗 LU-TOU
21 遮椽版 CHÊ-CH'UAN-PAN, RAFTER-HIDING [BOARD
22 檐栿 BEAM
23 闌額 LINTEL OR ARCHITRAVE
24 柱 COLUMN
24a 柱頭 TOP OF COLUMN
25 櫍 CHIH
26 柱礎 BASE
26a 盆唇 P'EN-CH'UN OR LIP
26b 覆盆 FU-P'EN OR PAN
26c 礎 PLINTH
斗拱及全建築之各部均以材(如畵中5.13.17等)或其分数或倍数為比例之度量單位。自櫨斗出華拱或昂一層謂之一跳,斗拱出跳之数可自一跳至五跳不等本畵以三跳(單抄双下昂)為例。
THE PROPORTION OF EACH & ALL PARTS OF A BUILDING IS MEASURED IN TERMS OF THE TS'AI (5, 13, 17, ETC.), ITS MULTIPLES & FRACTION. EACH TIER OF CANTILEVER ARM, EITHER A HUA-KUNG (19) OR AN ANG (17), IS CALLED A T'IAO. A SET OF TOU-KUNG MAY BE MADE UP OF FROM 1 TO 5 T'IAOS. THE EXAMPLE HERE GIVEN IS ONE WITH 3 T'IAOS - 1 HUA-KUNG & 2 ANGS.
斗拱 TOU-KUNG
柱 COLUMN
CHIH 櫍
BASE 柱礎
中國建築之"ORDER"·斗拱,檐柱,柱礎 THE CHINESE "ORDER"

梁思成绘制的斗拱结构

梁思成用“豪劲”总结唐辽建筑的特点，即最具力量、生机勃勃的大艺术作品。以立面构图中分量最重的斗拱为例，观音阁柱头和柱间的斗拱一大一小、强弱相间，其余各层不同位置的斗拱也都有变化、有对比，整体上又和谐统一，不至于过乱，也不死板。这种大小相成、强弱相间、富有层次感的整体设计是唐代建筑的典型特点。斗拱由于位置、功能不同，式样多达24种，总计152朵，使建筑更显气宇轩昂、宏伟壮观。

观音阁斗拱之美（© 陈天）

千年不倒的秘密

独乐寺之所以闻名遐迩，不仅因为其拥有极高的艺术价值，更因为其千年间历经大大小小的地震仍能岿然不动。独乐寺的主建筑观音阁以唐代旧阁为基底重建而成。然而就木结构而言，因木材容易燃烧和腐朽，保存千年左右的木结构已寥寥无几。观音阁为多层建筑，规模较大，且位于地震活动频繁的区域，所处地区气候也并不算干燥，能保存至今实为难得。

观音阁曾经历了 28 次较强地震，其中破坏性地震有 4 次，即 1536 年的通县地震（6 级）、1665 年的通县地震（6.5 级）、1679 年的三河 - 平谷地震（8 级）、1976 年的唐山地震（7.8 级）。《蓟县志》记载："康熙十八年（1679 年），己未七月二十八日巳时，地大震有声，遍于空中、地内。声响如奔车、如急雷，天昏地暗，房屋倒塌无数，压死人畜甚多，地裂深沟，缝涌黑水，甚臭。日夜之间频震，人不敢家居。"《光绪顺天府志》引《居易录》记载这次地震，"官廨民舍无一存"，唯独乐寺观音阁"独不圮"。1976 年唐山大地震时，蓟州震动较大，而观音阁震后却无变化。这是我国古代建筑工匠在建筑抗震工程方面所创造的奇迹。

除了地基坚实，结构和用材"宛如曾经精密计算而造者"也是观音阁千年不倒的秘密。金厢斗底槽的柱网布局对应套框式的梁架结构，外檐柱和内檐柱通过斗拱与梁枋连成一体，不仅能抵御水平推力和扭转应力，也能很好地缓冲地震带来的垂直纵波。框架内二层的矩形开口内套六角开口，增加了斜撑的斗拱和梁枋构件，同时暗层内的斜戗也增加了结构的稳定性。榫卯结构是古代木建筑抗震的关键。这种结构和现代梁柱框架结构极为相似。构架的节点不是刚性连接，这就保证了建筑物的刚度协调。遇到强烈地震时，采用榫卯结合的空间结构虽会"松动"却不致"散架"，通过消耗地震传来的能量，使整个房屋承受的地震荷载大为降低。匠人的巧思营造了刚柔相济的结构，是观音阁能够历经千年而不倒的秘密。

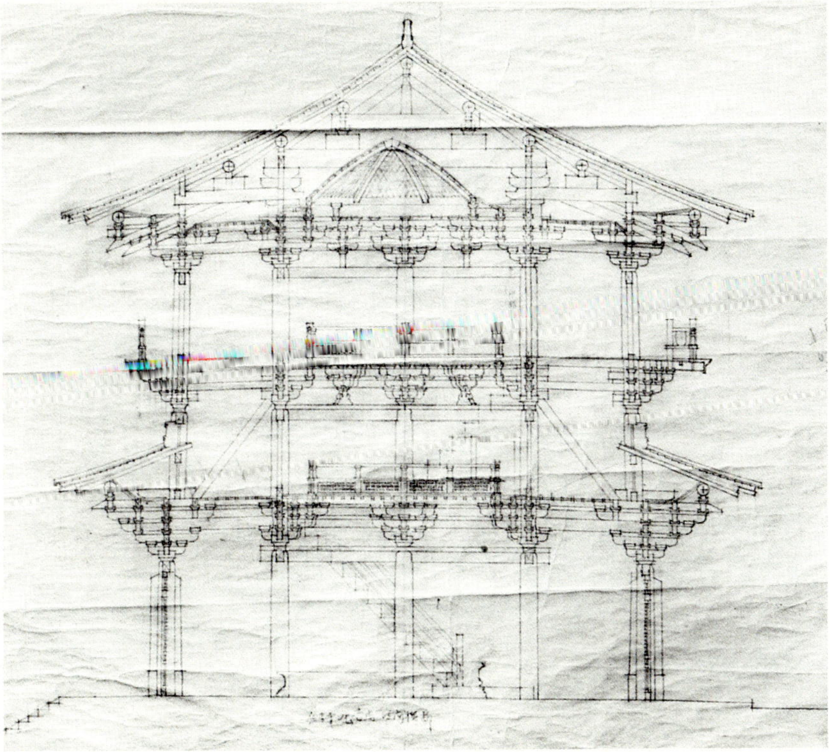

观音阁的结构与斗拱（营造学社旧图）

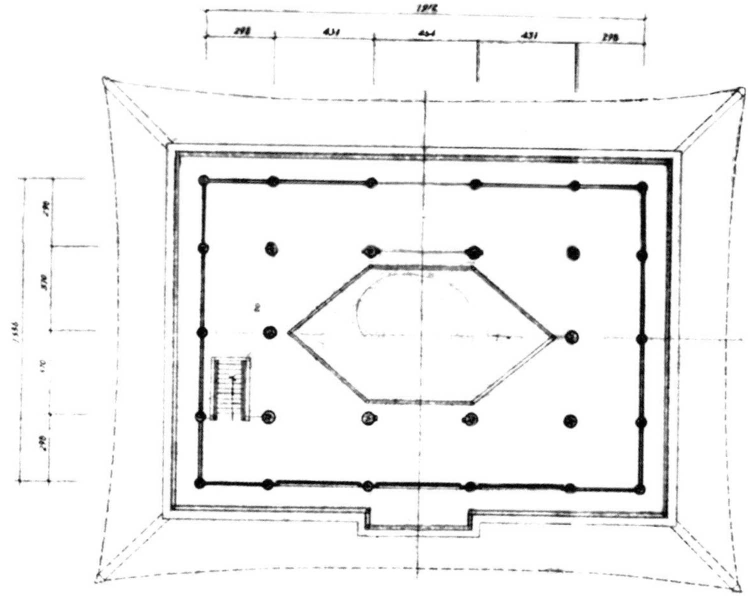

观音阁仰视六角形开口
（来源：古代建筑修整所实测图，20世纪六七十年代）

不一样的声音：木结构能抗震是幸存者偏差？

幸存者偏差指的是人们通常倾向于记住特殊的、成功的个案，并把它们当成规律性的事件，而无意中忽略了其发生的概率究竟会有多大。

主流观点认为中国木结构建筑体系“有很强的抗震性能”“许多经受过大地震的著名木构建筑如天津蓟州独乐寺观音阁、山西应县佛宫寺塔都能完好地保存至今，就是有力的证明”。但也有学者指出像独乐寺观音阁那样经受过多次大地震的考验的实例，都不过是一些特别的个案；这样的个案只能证明那些建筑自身具有一定的抗震性能。根据前边所提“官廨民舍无一存，独观音阁不圮”，看来反例的数量（在地震中倒塌）要远远超过个案，并且会占压倒性的绝大多数，从个案得不出普遍结论。某幢建筑在地震中没有倒塌的事实，并不能证明它所属的整个结构体系都是抗震的。这些特别的个案不过是小概率事件而已。

中国木结构建筑体系“有很强的抗震性能”是“幸存者偏差”带来的幻象吗？这是仍然值得深究的问题。（来源：微信公众号“遗产保护散说”的文章《“墙倒屋不塌”与“幸存者偏差”》）

《中国古代建筑技术史》认为像独乐寺观音阁那样的一些“尺度较高，体量较大的建筑物……重心较高，自重较大……其抗震能力反而较高”。独乐寺建筑“抗震”的奥妙其实在于建筑等级较高，由此导致用材和结构选型较好，施工质量也较高，以及采取了加强整体空间刚度的特殊构造措施。这些“奥秘”并不是所有古建筑都具备的。

观音阁内部结构（© 纪翔）

“具足圆成”匾额悬挂于观音阁前檐首层的中间，宽 2.96 米，高 1.39 米，边厚 0.19 米，周边框透雕双向连续的云龙纹，蓝底金字。内底中央上隅有御印一方，上刻“咸丰御笔之宝”。该匾额是清咸丰皇帝所书，“具足圆成”是佛教用语，意为这里的菩萨已经修行圆满，具备了成佛的条件，但是由于观音菩萨还要普度众生，因此还在此处修行。

观音阁明间内槽正中悬挂着一块匾额，上书“普门香界”四个金色楷书大字，寓意十一面观音菩萨以广大的法力普度众生，香及佛国。此匾额由清代皇帝乾隆题书，字径 60 厘米，内底中央正上方有一方御印，上刻“乾隆御笔之宝”。“香界”是佛教中描绘仙境、极乐世界的词语之一。由于其美好的含义，在现代，人们常用“香界”表达对理想境地或幸福生活的向往和追求。

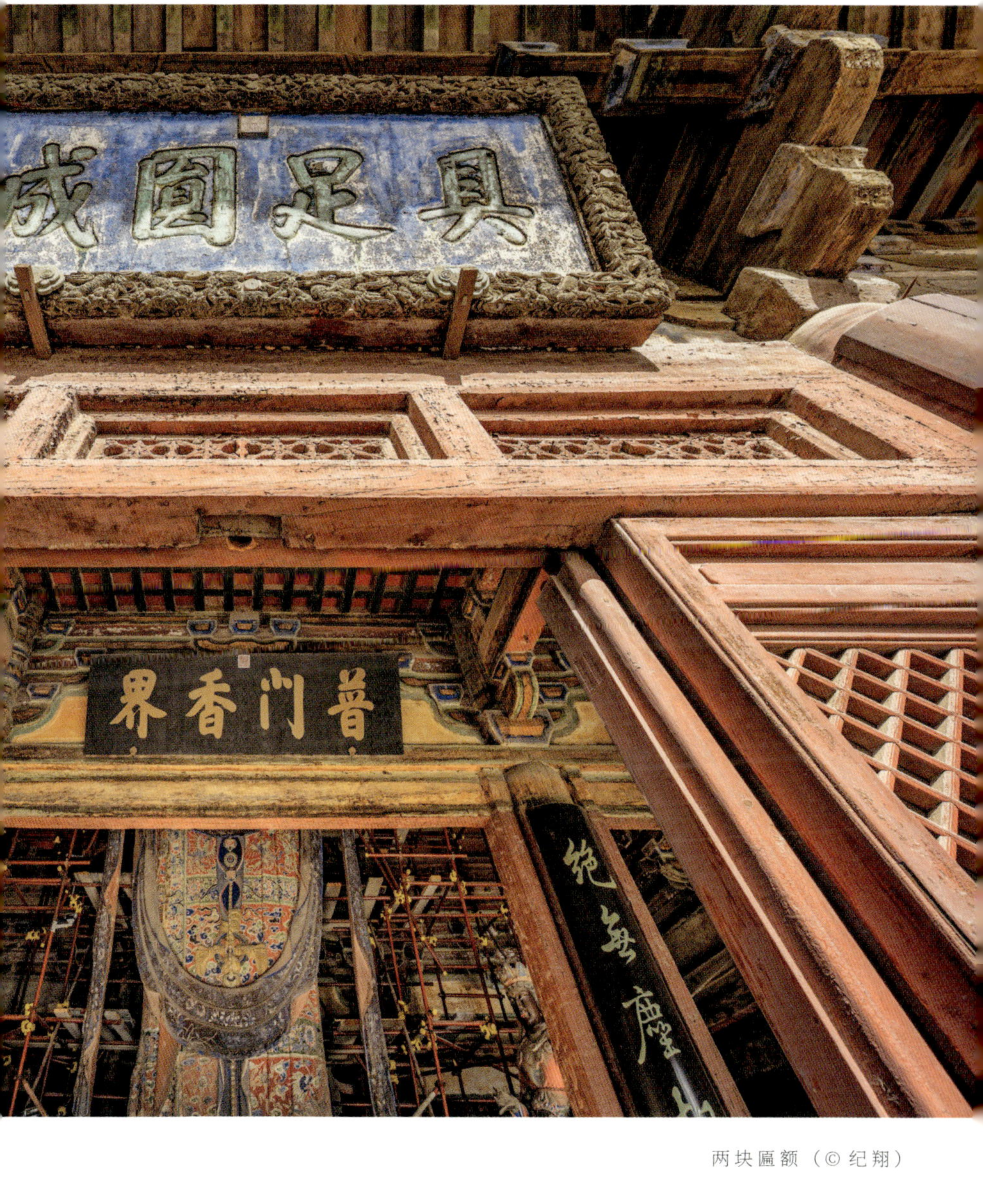

两块匾额（© 纪翔）

手 工 饺 子

独乐寺侧视（© 黄维旻）

山门与观音阁（© 陈天）

山门

山门古朴，展翼如飞。
出檐深远，铃响悠扬。

远处观山门，只见这建在台阶之上的建筑展翼如飞，气势恢宏。山门既是独乐寺的主要构成部分，也是进入独乐寺的主要通道之一。它仿佛是另一个时空的入口，当我们踏进去的那一刻，就进入了千年前的时光。

跪拜于二金刚力士的视线交会之地，抬头瞻仰，正好能透过观音阁二层栏杆的空隙看到阁内十一面观音慈悲的双目凝视远方。站于山门正中眺望，古风浓郁的观音阁恰好被山门框住，如在画中一样。

山门中间为通往寺内的穿堂，其内侧有两尊辽代的彩色泥塑金刚力士，以及清代绘制的“四大天王”彩色壁画。泥塑和壁画相呼应，共同营造了独乐寺庄严的氛围。

山门正面（© 纪翔）

从山门望去，观音阁如在画中（© 黄维旻）

入口一侧金刚力士（© 侯鑫）

山门侧面展翼如飞（© 纪翔）

结构及用材

山门由台基、屋身、瓦顶三部分组成，规格为三间四椽。据《营造法式》卷十三“垒屋脊”篇“记载门楼屋一间四椽”，门楼屋小至一间仍用四椽，因门系安于纵中轴线上，而内外均需有两椽空间，故四椽可能为最小限度，为定法。又据现存辽宋建筑，如佛宫寺、善化寺山门五间四椽，隆兴寺山门五间六椽，可推测各山门规模与全寺规模是相匹配的。此三寺的全寺规模均较大，故用五间四椽或六椽山门。而独乐寺主体建筑可能仅一观音阁，故山门只用三间四椽。

山门平面布局的长宽比本应是 3:2，但由于需在纵中轴线安门，山门两侧需要放置较大的金刚塑像——哼哈二将，因此将长宽比变为 2:1，又因山门中间有辟门，因此底盘选择殿堂结构形式中的分心斗底槽。独乐寺山门是国内现存最早的“分心斗底槽”建筑实例。山门屋内彻上露明造，即屋内没有天花板，梁架斗拱结构全部显露，因而它们的装饰效果得到充分发挥。

山门用材仅一种，此等材就是标准材。单材为 24 厘米 × 17 厘米，高 12.5 厘米，足材高 36.5 厘米。按材高的 1/15，每份为 1.6 厘米，恰等于《营造法式》中的三等材，结构模数与观音阁（二等材）相匹配。山门用材较观音阁整齐，没有过大的参差现象。

【小贴士】

分心斗底槽是宋代《营造法式》中提到的殿阁内部四种空间划分方式之一，即以一列中柱及柱上斗拱将殿身划分为前后相同的两个空间，一般用作门庑建筑。

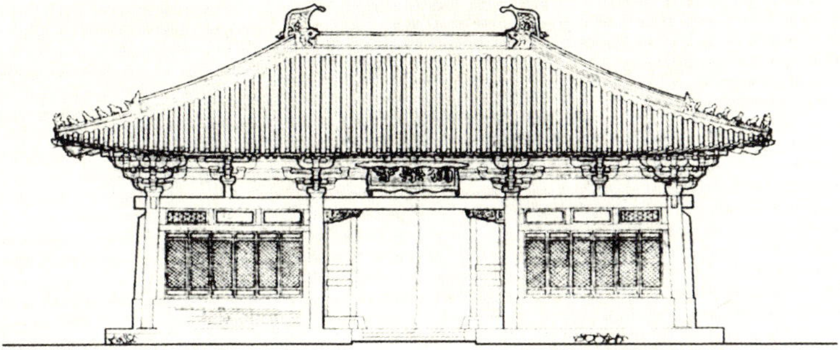

山门三间
（来源：古代建筑修整所绘图，20世纪六七十年代）

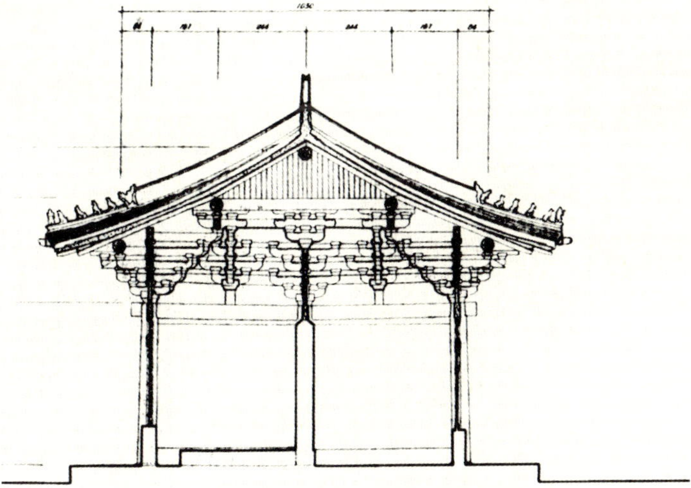

山门四椽
（来源：古代建筑修整所绘图，20世纪六七十年代）

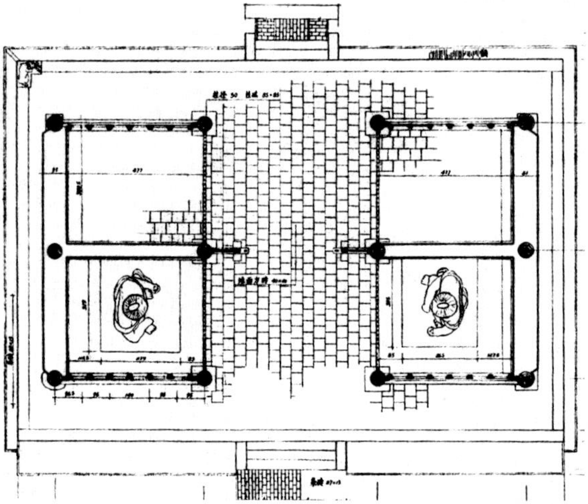

山门底盘分心斗底槽
（来源：古代建筑修整所绘图，20世纪六七十年代）

斗拱

细看山门，只见梁柱粗壮有力，雄硕的斗拱总高度为立柱高度的二分之一，为典型的唐代风格。除了鸱尾，山门外檐补间斗拱和外出正面第三层的转角斗拱也是中国古建的瑰宝。唐、宋、辽、金时期，窑砖的使用还未普及，建筑的墙体多用土坯，为了防雨，屋顶出檐必须深远，所以斗拱层层承托，看起来硕大且舒展。如梁思成所言，“檐出如翼，斗拱雄大”。这种样式的斗拱是我国现存木结构建筑中最早的直料和斜拱实例。山门的转角斗拱在两侧出头的阑额之上各有一个花形的小短柱，小短柱承托起了上边的华拱。补间斗拱的栌斗没有放置于阑额之上，而是在底下加了一根蜀柱（直斗），这些做法并不常见。它们昔日绚丽的彩绘早已剥蚀殆尽，露出构件原始、沧桑的原木色泽。

梁思成称：“在结构方面言，此山门实为运用斗拱至最高艺术标准之精品。”

山门斗拱花形小短柱

山门屋顶结构（© 纪翔）

屋顶

山门屋顶为庑殿顶，有一条正脊、四条垂脊，分为四个坡面，坡面和缓。古代匠人通过对梁架和斗拱结构的精心安排，使檐角如翼翘起，如鸟飞翔，使建筑物在庄严中显得高昂，在恬静中显得有生机，表现出中国建筑独具的艺术效果。

庑殿顶示意图

【小贴士】

庑殿顶是古代传统建筑中的一种屋顶形式，顶有四面斜坡，屋面稍有弧度，又称四阿顶。在等级森严的古代封建社会，屋顶也分等级规格，庑殿顶是等级最高的一种屋顶形式，多用于宫殿、坛庙、重要门楼等高级建筑。庑殿顶在小型建筑上很少见。庑殿顶，尤其是重檐庑殿

山门屋顶（© 黄维旻）

顶是古建筑中的最高形制，由此可推测重修独乐寺的韩家在辽国地位极高。早在商朝，已有四阿屋顶，但建筑只是四坡水的茅草房而已。自从西周时期屋顶使用瓦件之后，庑殿顶这种建筑形式才逐渐形成。中国现存最早的庑殿顶建筑为佛光寺大殿。独乐寺山门是中国现存最早的庑殿顶山门。

鸱尾、嫔伽及小兽头

抬头仰望，山门正脊两端鱼尾龙头的鸱尾巨口吞脊，其翘转向内的长尾既如一对巨大的括号，又似一双飞翔于天空的鹏鸟！鸱尾头部的牙、鼻、眼、角、耳、鳃、须、鳞等刻画得细致入微，外缘是密排的细棱。鸱尾背面有背兽，体型不大，因垂脊遮挡正面不易看到，像是鸱尾正面龙形头部的圆雕。如此生动古朴、气势威武的构件为辽代原物，是我国现存于原建筑屋顶上年代最早的鸱尾，梁思成先生称之为“极可罕贵之物也”。

鸱尾作为屋顶瓦件，一方面能起到保护屋顶木结构的作用，另一方面占据了山门的制高点，以颇为复杂的鱼龙图像重重描画屋脊端头这一节点。两个鸱尾上刻有汉字“东”（东端鸱尾）、“西”（西端鸱尾）。独乐寺山门的鸱尾一半是后世常见的龙头造型，一半则保持了鸱尾的特色，这正体现了其承唐启宋的过渡样式。此外，垂脊前端设嫔伽及四枚蹲兽，样式及排列次序都无定则。

|【 小贴士 】|

螭吻（后演变为鸱尾）是中国古代神话传说中的神兽，为鳞虫之长瑞兽龙之第九子。它平生好吞，殿脊两端的卷尾龙头是其形象的表达。这位龙子像四脚蛇剪去了尾巴，好在险要处东张西望，也喜欢吞火。据《太平御览》载：“唐会要目，汉相梁殿灾后，越巫言，‘海中有鱼虬，尾似鸱，激浪即降雨’，遂作其像于尾，以厌火祥。”故鸱尾演变成中国古代建筑屋脊正脊两端的一种饰物，表达人们防火的愿望。

鸱尾在古代建筑中起到严密封固瓦垄，使脊垄稳固而不渗水的作用。晚唐时期，人们在其背后插抢铁、拒鹊，用以固定、防鸟。到了明清时期，鸱尾背上的固定物则演化成许逊的剑（其背后的故事是“铁柱镇蛟”，相传江西常发大水，皆因一蛟龙作祟，后来许逊用他的万

鸱尾（© 童安）

仞剑将其斩杀，并钉在了铁柱上。人们认为这样就可以防鸱尾逃跑，取其永远喷水镇火的意思。）另一传说是那些妖魔鬼怪最怕许逊的扇形剑，取其避邪的用意。唐宋时期，建筑正脊上只有一枚兽头，之后逐渐增加了数目不等的蹲兽。到了清代，形成了今天常见的“骑凤仙人”领头的小动物队列形态。这些泥土烧制而成的小兽，被“请”到皇宫、庙宇等建筑的屋顶上，俯视人间，很有“一人得道，鸡犬升天”的意味。

独乐寺山门垂脊上有垂兽，脊端的小塑像在《营造法式》中称“嫔伽”，明清时期变为了“骑凤仙人”。此处的小像形象是甲胄武士。甲胄武士与垂兽间为四只“走兽”，《营造法式 》中称其为“蹲兽”。宋朝时走兽数量为双数，到了清朝则变为单数。

|【 小贴士 】|

嫔伽是中国古建筑中的一种屋檐脊饰，源自佛教中的迦陵频伽。佛经中记载其为人首鸟身，擅长音乐，象征着吉祥之音。在宋代《营造法式》中，就有记载迦陵频伽作为建筑脊饰。《营造法式》中记载了6种不同规格的嫔伽，这些规格根据建筑类型和等级而有所不同。

到了元末明初，嫔伽的姿态发生了变化，由正向飞天的形象变成了侧身飞翔的姿态，并且逐渐演变成一人一凤的骑凤仙人，由佛家飞

屋顶构件（© 侯鑫）

天的形象变成了身穿长袍、手持笏板、长髯飘飘的道家老者形象。这体现了中国传统文化中的道教元素与佛教元素的融合。关于骑凤仙人的身份，民间还有许多传说。一种广为流传的说法是，他是战国时期的齐闵王。齐闵王在战败后被追兵逼到河边，正准备自尽时，一只凤凰飞来将他救起，助他渡过难关。因此，后人将他的形象雕刻在屋檐上，寓意逢凶化吉。

在古建筑中，嫔伽的设置不仅是为了美观，还寄托了人们祈求生活幸福、家宅平安的美好愿望。它的存在使得建筑更加富丽堂皇，充满了艺术韵味。

勾头与滴水

独乐寺山门的勾头共有 240 枚，滴水共有 236 枚。勾头绝大多数为兽面或仿兽面造型。勾头与滴水均根据历次大修呈现不同的式样，与观音阁上的进行比对，可以分析两栋建筑历代大修的历程。现存勾头根据直径可大致分为大、中、小 3 种，最大的约 18 厘米，这应该是瓦垄最初的宽度，其次为 16 厘米左右，最小的约 13 厘米，小一些的应该都是后来换的。

勾头的造型共 19 种。其中狮子造型的勾头很多。同是狮子勾头，由于制作于不同时代或出自不同的窑口，狮子形象的具体细节有所不同。另外山门的勾头还有花纹勾头、龙纹勾头、五福寿纹勾头等。山门最初的辽代狮子造型勾头目前还有 40 枚遗存。兽面细节完整，环以连珠纹、弦纹，大部分表面有残损。

滴水造型共 7 种，全是扁长的重唇板瓦，没有垂尖滴水。其中 8 枚为唐代样式滴水，64 枚为典型辽代风格样式，另外还有元、明、清时期的样式。

|【 小贴士 】|

勾头与滴水是中国传统建筑屋面中不可缺少的构件。勾头又称猫头或盖瓦头；滴水又称滴子或底瓦头。一般情况下，勾头与滴水在筒瓦屋面上搭配使用。勾头在上，滴水在下，同处于屋面檐头的最外端，并探出木瓦口一小段尺寸，防止雨水浸蚀木瓦口、连檐、飞椽等木构件。它们起到封闭檐头、保护檐头、防止雨水倒流的作用。它们不仅有实用功能，还有美观功能，图案丰富，有云纹、雷纹、乳钉纹、卷草纹、连钱纹等，且随着时间的推移，纹样的种类有一定的变化和发展。因此，根据勾头纹样甚至能判断出其生产的年代。

勾头与滴水（© 侯鑫）

韦驮亭

韦驮亭建造于明代，高约 5 米，直径约 4 米，平面为八角形，屋顶形式为攒尖顶。亭内韦驮像高约 3 米，表情肃穆，双手合十，甲胄鲜明。亭内原有明代铜铸韦驮铜像一尊，1942 年被日军盗走，现在的这尊韦驮像是 1985 年重塑的。

韦驮菩萨是佛教里著名的护法神，通常供于一进寺庙大门天王殿内弥勒佛的身后，与弥勒佛背靠背。但是在独乐寺内，韦驮却被特别安置在观音阁后面，并专门建了一个亭子供奉，实在罕见！

【 小贴士 】

韦驮菩萨称韦驮天，原是印度婆罗门教的天神，后来归化为佛教的护法天神，是佛教中护法金刚力士的代表之一。相传释迦牟尼涅槃时，诸天神和众王把佛陀火化后的舍利子分了，各自回去建塔供养。韦驮也分得一颗佛牙，正准备回去。一个捷疾鬼浑水摸鱼，偷走佛牙舍利。韦驮奋起直追，将捷疾鬼抓获，夺回了佛牙舍利。诸天神和众王纷纷夸赞韦驮能驱除邪魔外道、保护佛法。于是，韦驮被人们称为护法菩萨。他为了降妖除魔，护持正法，时刻巡视三界诸天，体恤众生安乐。

据说韦驮的不同姿势对于游僧而言，有着不同的意义。韦驮双手合掌捧杵，此为接待之意，凡四方游僧前来挂单，必受供养；韦驮以手按杵据地，游僧见此状，便知此佛寺不接待外来僧家。然而，独乐寺的韦驮却没有杵，据说原杵架于臂间，后来不知何故丢失了。

韦驮像（© 纪翔）

韦驮亭（© 纪翔）

【小贴士】

攒尖顶，即攒尖式屋顶，宋朝时称“撮尖”“斗尖”，清朝时称“攒尖”，是中国古代建筑的一种屋顶样式。其特点是屋顶为锥形，没有正脊，顶部集中于一点，即宝顶。该顶常用于亭、榭、阁和塔等建筑。

攒尖顶示意图

俯瞰韦驮亭（© 侯鑫）

报恩院

韦驮亭之后是报恩院。报恩院始建于明代，清乾隆年间重建，是由前殿、后殿及东西配殿构成的一组四合院，为明、清两代僧人重要的礼佛场所。报恩院主建筑采用双坡屋顶，两侧伸出山墙之外，是典型的悬山顶。前殿正中供奉慈颜常笑、大肚能容的弥勒佛笑迎八方来客，两侧是我国历史上有名的“四大疯僧”（道济和尚、风波和尚、寒山和尚、普化和尚）的塑像。

让报恩院真正出名的并不是上述这些，而是清咸丰皇帝亲笔题写的“报恩院”匾额，其独特之处是“院”字少了一横，致使其一错成名。蓟州虽小，但因清东陵的原因，清朝皇室在此也设置了行宫，专供皇帝休息。据说有一年咸丰皇帝驾临独乐寺，受方丈请求，为四合院题匾“报恩院”。一是因为乾隆年间独乐寺被赐为皇家禁地，寺院要报答皇恩；二是因为佛门弟子怀恩四海，当上报四重恩，下济三途苦。咸丰皇帝也不客气，即兴写下“报恩院”三个大字，但是写完后，咸丰才发现“献丑”了，最后一个“院”少写了一横。大家都看出来了，但是无人敢言，咸丰也觉得尴尬，冷场之时，咸丰灵机一动，开口说道：“人要知恩图报，佛家说要报四重恩（父母恩、众生恩、国土恩、三宝恩），这恩一生是报不完的，所以最后一个字不能写全。”咸丰皇帝没想到，当初不小心写下的错别字，后来却出了名。

报恩院（© 纪翔）

悬山顶示意图

乾隆行宫

乾隆行宫建于清乾隆十八年（1753 年），又名独乐寺行宫，是清代皇帝前往清东陵谒陵途中小憩的地方，也是天津地区仅存的一处皇家行宫。该院落规模较小，皇帝在此只休息，不留宿。行宫包括正殿一层，附属建筑三间，现在复原了回廊十四间，垂花门一座，独立成院。

此处的建筑屋面形式为双坡顶，没有明显的正脊，即前后坡相接处不用脊而砌成弧形曲面，是典型的卷棚顶建筑。

清代蓟州是"下不设县"的散州，在清初，其政治地位、军事地位大不如前。后来，因清东陵的选址以及陵寝的建设，清政府对蓟州态度大为改观。清王朝为了满足冬巡或祭祖谒陵的需要，大规模修筑了从京师（今北京）经蓟州至清东陵或盛京（今沈阳）的御路，还在这条御路沿线修建了一系列的行宫、座落。在康熙、雍正时期，皇帝谒陵，途中无行宫，无固定的驻跸地点，颇为随意。后来，在乾隆在位的前二十年，谒陵制度逐渐完善，清东陵、清西陵沿途的行宫、座落等均建于这个时期。乾隆皇帝、嘉庆皇帝、道光皇帝多次在独乐寺行宫小憩并留下诗作二十多首。他们为独乐寺留下了深深的历史印记，丰富了独乐寺的文化内涵。

独乐寺乾隆行宫内乾隆御制碑共有 28 块，其上镌刻诗文百余篇，除小部分是乾隆御题外，大部分是乾隆御临历代书法名家的法帖。这些碑刻源自隆福寺行宫。隆福寺行宫是乾隆皇帝东陵祭祖谒陵的最后一站。清乾隆九年（1744 年），隆福寺行宫修建时，行宫游廊上镶嵌了这 28 块御制碑。然时代变迁，隆福寺行宫废弃，经多次辗转，这些碑刻被迁到独乐寺院内收藏。

毫无疑问，乾隆皇帝是一位喜爱书法的皇帝。

乾隆自幼置身于皇室严谨、全面的教育体系之中，在诗词、经史、书画等诸多领域接受了深入的熏陶。乾隆身处繁忙政务的漩涡，书法宛如一方宁静的港湾，让他得以在喧嚣与纷扰中觅得内心的平和与安宁。乾隆去清东陵祭祖，过程中是禁止一切娱乐活动的。他在行宫休息也只能练练书法解解闷。挥毫写书法，是难得的静心时间，因此也可以说这些传世之作张张经典，绝对不是应酬之作。

同时，书法也是乾隆与古代文人墨客进行心灵对话的桥梁。通过书法，他能跨越时空，与历史上的文化巨匠们产生共鸣。这组御制碑分御笔临和御笔两种，既是乾隆皇帝的书法真迹，又是古代著名书法家的书法汇集。这些书法作品涵盖行、草、楷等多种字体，字形大小不同，风格也有所不同，有的粗犷苍劲，有的圆润秀丽。

米芾的书法被乾隆皇帝着以青眼，这组碑刻乾隆临米芾的法帖最多。御笔《敖不可长》——敖不可长，欲不可纵，志不可满，乐不可极——展现了乾隆受佛、道、儒思想影响所持的中和、平常的修身之道。乾隆皇帝在学习赵孟頫和董其昌书法方面下的功夫尤其之深，并且很好地吸收了两位书法大家的精神，其书法有赵孟頫书法秀润之体态，董其昌书法顺畅洒脱之风骨。他临摹赵孟頫的《朝辞白帝》，在提笔时，还乘兴更改了古人诗句："朝辞白帝绛云间，千里江陵一夕还。两岸猿声啼不尽，扁舟已过万重山。"你能看出这诗句和原诗作有什么不同吗？董其昌的书法个性属于中规中矩型，他体现风雅和隐逸情怀的法帖在这里乾隆临摹得也很多。

素有"盖章狂人"之称的乾隆皇帝在盖章上也不会让人失望，这 28 块御制碑上共盖有 200 余枚印章，其中绝大部分至今还可识别。

卷棚顶示意图

乾隆行宫（© 纪翔）

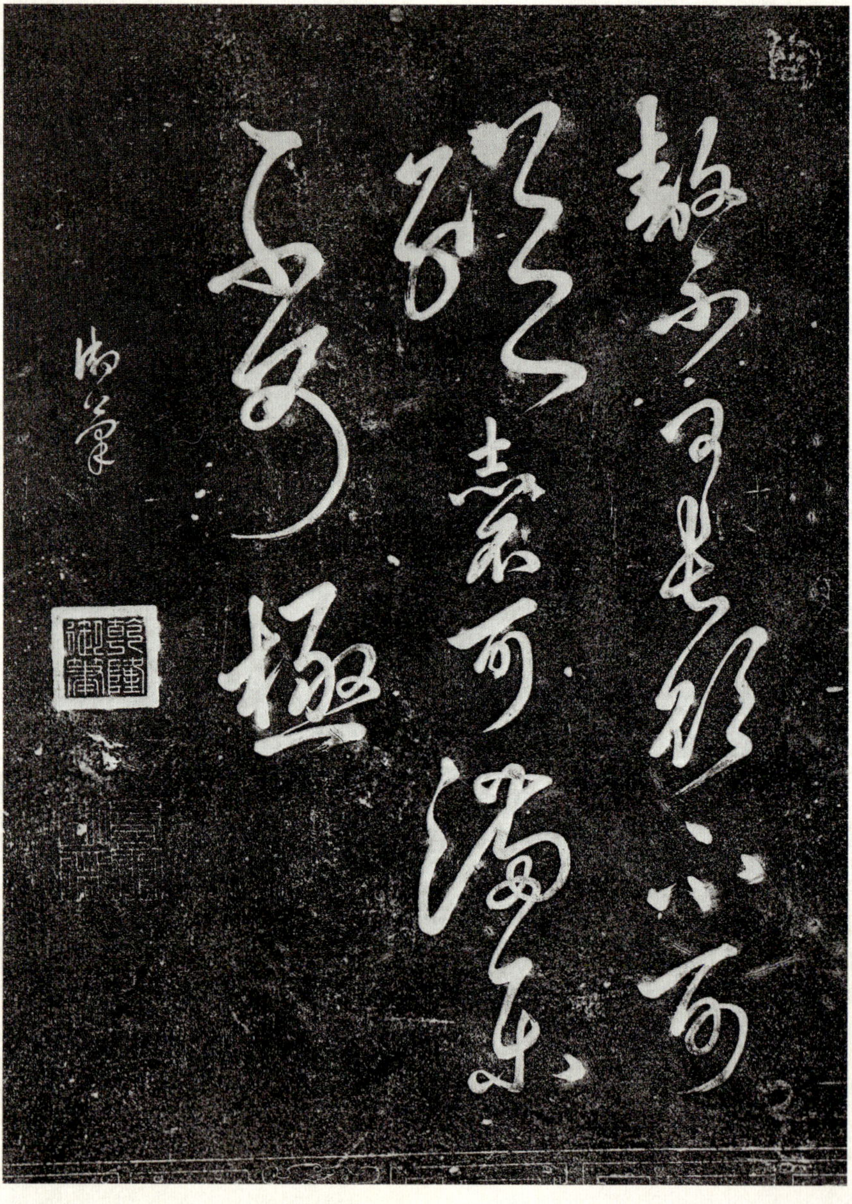

乾隆御笔

乾隆御笔

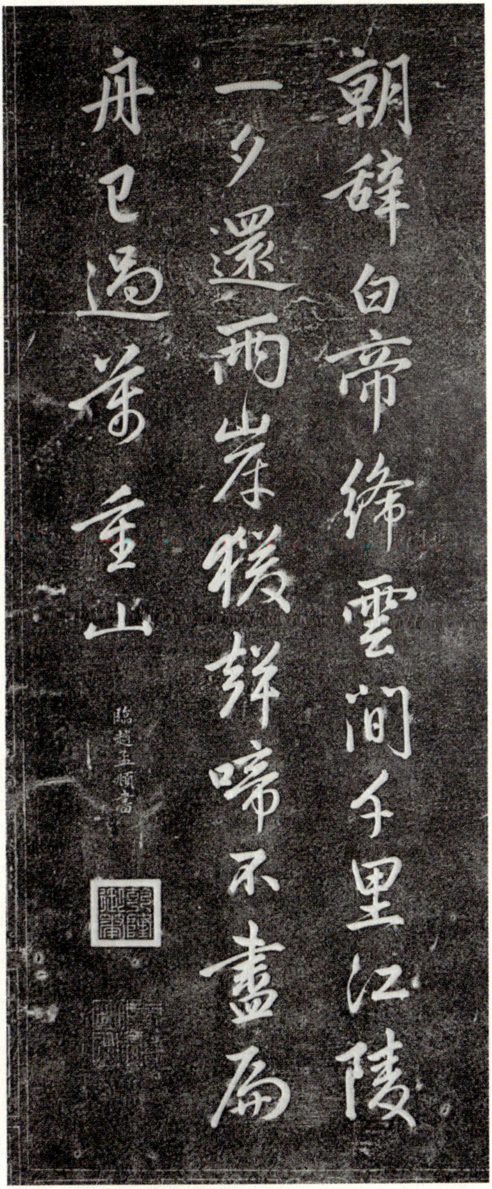

临赵孟頫书法

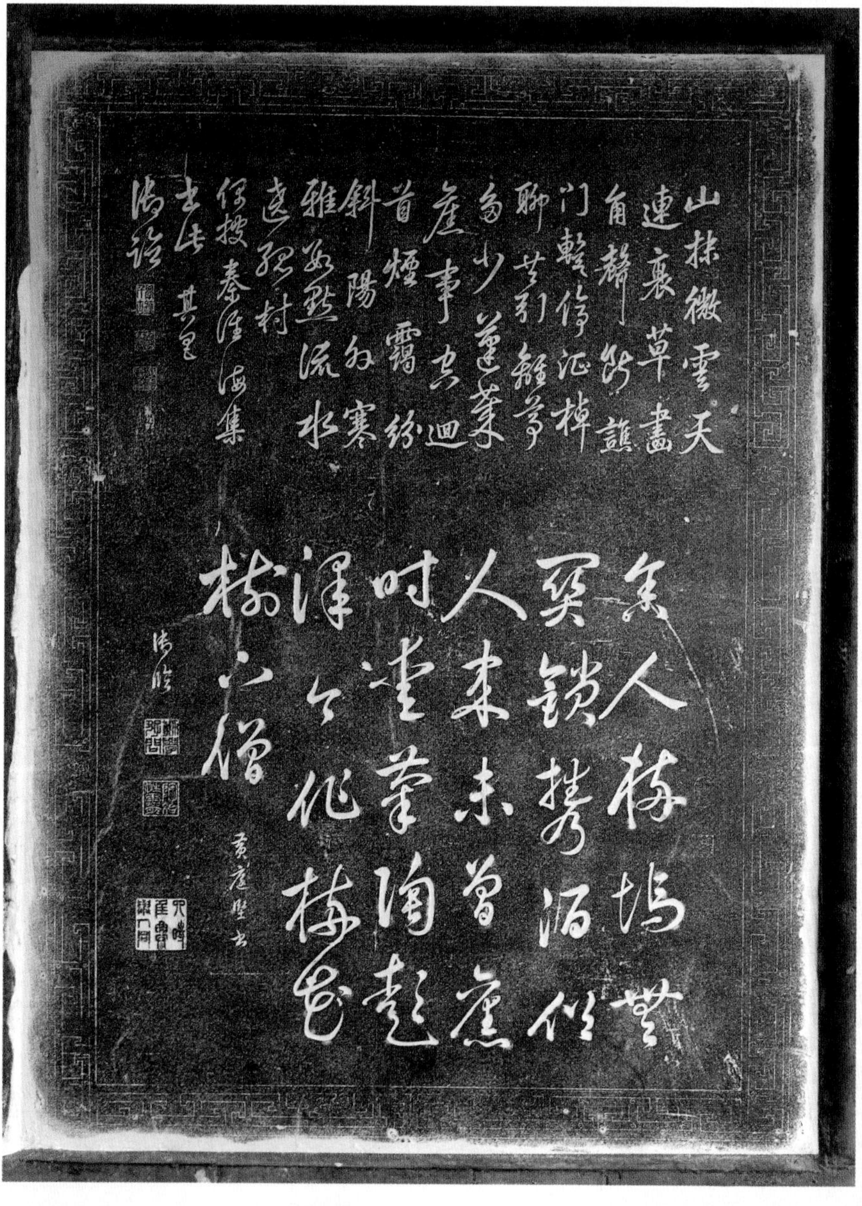

乾隆碑刻整碑之一

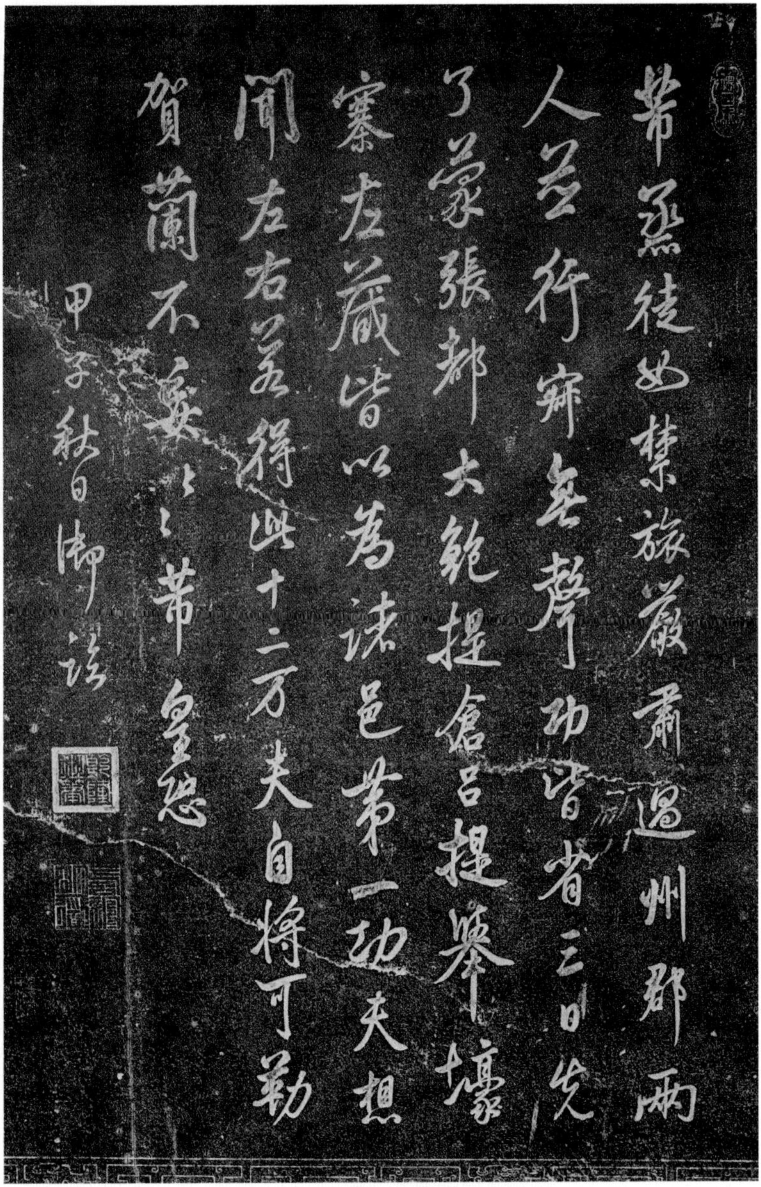

临米芾书法

分行接綺樹，倒影入清漪。不學御溝上，春風傷別離。

木末芙蓉花，山中發紅萼。澗戶寂無人，紛紛開且落。

乾隆甲子九秋偶臨

董其昌筆

新家孟城口古木餘
衰柳來者復為誰空
悲昔人有
飛鳥去不窮連山復秋
色上下華子岡惆悵情
何極
結實紅且綠復如花
更開山中

临董其昌书法

白塔

在本书中，一定要提的还有观音寺白塔。顺着观音阁中观音的目光望出去，你会发现，观音千百年来凝望之处竟是一座白塔。

1932 年梁思成先生到蓟州，除了对独乐寺进行考察，还对观音寺白塔进行了细致的研究，并撰文《蓟县观音寺白塔记》。《蓟县观音寺白塔记》中描述：“登独乐寺观音阁上层，则见十一面观音，永久微笑，慧眼慈祥，向前凝视，若深赏蓟城之风景幽美者。游人随菩萨目光之所及，则南方里许，巍然耸起，高冠全城，千年来作菩萨目光之焦点者，观音寺塔也。塔之位置，以目测之，似正在独乐寺之南北中线上，自阁远望，则不偏不倚，适当菩萨之前。故其建造，必因寺而定，可谓独乐寺平面配置中之一部分；广义言之，亦可谓为蓟城千年前城市设计之一著，盖今所谓‘平面大计划’者也。”

白塔位于独乐寺正南 300 多米处，旧称渔阳郡塔。与独乐寺一样，白塔始建年代不详，约重建于辽统和二年（984 年）。白塔塔顶中心几乎位于独乐寺中轴线上，有学者认为白塔最早是独乐寺的一部分。可以想象，彼时的独乐寺范围有多大！其后白塔经过两次包砌。因辽清宁三年（1057 年）辽南京（今北京）的一场大地震，白塔受损。第一次包砌在辽清宁四年（1058 年），大修覆钵的上半部，并重砌塔刹。第二次包砌在明代。大修部分为第一层檐以上至覆钵，并重包覆钵的东半部。明嘉靖十二年（1533 年）塔前修建观音寺，白塔亦

白塔全景（© 侯鑫）

称观音寺白塔。独乐寺和白塔后来被陆续建起的民居和街道隔开，从而形成现在的布局。

辽宋时期，建筑匠人们突破单体建筑的建造，在继承传统的基础上以城市规划为蓝图，强调不同建筑之间的文化关联。辽代的建筑设计者继承了唐代寺庙建筑群“前塔后寺”的风格。当时，在辽的疆域内，塔庙相望已经是建造的特色，如义县奉国寺就与城内一座辽代高塔保持着“相望”的关系。

白塔是著名的佛教文化遗产和旅游景点，也是现在我国仅存的七处白塔之一。塔高 30.6 米，平面为八角形，通体雪白，造型别致。由石基、亭阁式仿木结构的须弥座、塔身、覆钵、十三天相轮和塔刹组成。这座塔集我国古塔三种主要形式于一身，下部是楼阁式、中部是密檐式、上部是覆钵式，堪为中国古塔中造型独特的一例。

|【 小贴士 】|

楼阁式塔，其建筑形式来源于中国传统建筑中的楼阁。佛教传入中国后，为了适应中国的传统习惯，利用人们对多层楼阁通天的寄托，寺院以楼阁形式的塔作为礼佛的纪念性建筑物。密檐式塔与楼阁式塔的不同是其塔檐比楼阁式塔的多且密，为砖石结构。密檐式塔的第一层特别高，设有门窗，多雕刻佛像或佛经故事。密檐式塔多为实心塔，亦有中空者，开有通气口，但塔内没有阶梯，一般不作登临之用。覆钵式塔是藏传佛教用的塔，其形似一只倒扣的钵子，因而得名，其来源于印度的窣堵坡，是实心的建筑，供崇拜之用。

白塔的塔基是由巨型大理石和精美的砖雕组成的须弥座。须弥座有 24 组伎乐俑砖雕。乐俑笛筝齐奏，翩翩起舞，形成严肃而欢乐的礼佛场面，这也是研究宋辽音乐舞蹈的珍贵例证。金刚以肩托举塔的八个角，姿态生动，塔身下层八角各有小塔，即体现佛祖生平八段经历的“八大灵塔”。白塔上下三层各角共有 24 只惊鸟铃，为这座塔增添了几分“文艺气质”。在有风的日子，惊鸟铃会在风的拂动下叮当作响，美妙至极。白塔上通饰砖雕，题材多样，造型生动，是辽代砖雕的上品。塔身东、西、南、北各设一门，其中仅南门为真门，门内有佛龛供观音像，可惜今已无存。环塔一周可见重新描绘过的佛家偈语：

诸法因缘生 我说是因缘（东南）
因缘尽故灭 我作如是说（西南）
诸法从缘起 如来说其因（西北）
彼法因缘尽 是大沙门说（东北）

白塔历经千余年，多次遭遇地震。在唐山大地震中，白塔遭受了极大的损害。1984 年白塔被修缮，当时三层塔室内出土舍利石函一具及瓷、玉、铜等文物 100 余件，但白塔寺下的地宫未被清理发掘。2005 年，工作人员在巡查时，发现白塔内底部有异样，似乎有被盗窃的痕迹，于是报警，但当时并未发现塔内丢失贵重文物。然而，听说白塔被人偷盗，住在附近的一位村民向警方提供了一条线索，有几个可疑人员曾用高价租了一间农房。根据这条线索，办案人员对该农房里的两处新土层进行挖掘，发现这两处真的是两个盗洞，其中一个盗洞竟然直通白塔塔底。盗贼不但挖穿了塔底的地宫，并且将地宫中的文物洗劫一空！地宫内约有大小文物 200 件。最终大案被侦破后，100 多件文物已经流到了市面上，其中辽代石雕涅槃像、金属舍利塔、佛坐像、瓷器及水晶、玉石、珠子等珍贵文物已无法追回，文物大量遗失海外，具有研究价值的历史信息已无法采集，损失不可估量。

白塔局部（组图，© 枉言）

仰视白塔（© 侯鑫）

隐藏的古文化密码——壁画

WALL PAINTING

· 十六尊罗汉
· 两明王
· 四大天王

1932 年，梁思成的《蓟县独乐寺观音阁山门考》一文问世，使独乐寺的建筑和泥塑名扬海外，但独乐寺的壁画却在整整 40 年后才重见天日。1972 年，工作人员修整建筑时发现观音阁的墙皮内隐藏着壁画，当年即揭出壁画，使这些隐没的艺术瑰宝重现于世，成为我国美术考古领域的一大发现，从此独乐寺以建筑、泥塑、壁画“三绝”蜚声中外。

壁画被揭露剥出后，有人论证，“新剥出壁画的绘制年代，不会早于明初”，并进一步指出“十六罗汉下部世俗男像中屡见元代流行的斗笠帽”和“一部分世俗题材应出自元代”，由此确认壁画的首绘年代是在元代，壁画中某些供养人是后代绘制的，整个壁画在明代曾经被重描。

观音阁内壁画全长 45.35 米，高 3.15 米，总面积为 142.85 平方米。主体分布于观音阁下层四壁，通栏满布墙面，以十六罗汉和两明王为主题。罗汉是壁画中的主要人物，依次分布在东、西、北三壁，皆有姓氏题记。罗汉下部绘有世俗人物，其大小不足罗汉的二分之一。南壁绘有与罗汉身高相同的两位明王像。整个壁画构图鲜明独立，是十几幅独立画面彼此相连的巨幅画卷。表层壁画下还有另一层壁画，外层壁画是在内层壁画上刷了一层白粉后，按照里层画面重描的，因此里外层内容基本相同，并且线条大部分重合，只在局部细节处有改动。

观音阁壁画整体气势磅礴，以人物为主题，以山峦、海水、云纹为背景。

在世俗人物的衬托下，罗汉仿佛从天上降落到人间，画面有很强的视觉冲击力。这些壁画一扫传统宗教画的神秘色彩，更贴近现实生活，表现了宗教画发展过程中的又一风格。此外，壁画的背景中还有乌龟、猴子、飞鸟、蛤、鱼等动物。它们虽个体较小，却也丰富了壁画内容。

寺中壁画保存完好，至今色彩依然艳丽，主要采用传统的壁画绘制方法。墙面由细沙、粗泥、麻草制作，并以白粉涂刷作底，以便在其上进行绘画。壁画颜料采用天然矿物质，不仅色彩明艳，也能确保长时间不褪色、不变色。画面中频繁使用红色与绿色，与其他色彩形成极强的对比。

环视四周壁画，罗汉和世俗人物都给观众以鲜明的印象。整个画面疏朗开阔，规整有序，同时又富于变化，每一幅画面都有自己的思想内容，吸引人一个罗汉一个罗汉依次看下去，使人们对壁画产生极大的兴趣。每幅独立画面中的人物少而精，以罗汉为中心，所绘人物最多不过六七人。罗汉采用排列站立的方式，而世俗人物及供养人则主要在下部，呈簇拥的形态。背景采用绵延起伏的山峦和翻涌的海浪，显得整个画面气势非凡、生动丰富。

元代首绘的独乐寺观音阁壁画重见天日，这在我国壁画史乃至中国绘画史上都是一件大事。罗汉这一外来的形象从传入中国至元代，经过一千多年的演变，其外来特征消失殆尽。元代的壁画中，罗汉的形象可以说已经完成了世俗化的转变。

十六尊罗汉

第一幅壁画展现的是宾度罗跋罗多尊者，他身披袈裟，面颊丰满，双目凝视，侧身迎向西南方向，表现出行走者的姿态。罗汉面前站立四人，前面一人头戴缀珠七梁冠，身着襕袍，足蹬朝靴，手持笏板，显然是元代官吏装束；后排第一人头戴软纱唐巾，身着蓝色长衫，足蹬软底高筒长靴，应为儒生；后排第二人头戴七梁冠，穿红色长衫，为道士装束；后排第三人为身披袈裟的僧官。他们都在向罗汉低首作礼，构成一幅朝廷献官和儒、释、道礼佛图。宾度罗跋罗多尊者是罗汉中的长者，是十六罗汉中的第一尊者，相传为佛陀出家时之师，被唐代僧人称为“圣僧”。他常为众说法，声如狮子吼，神通广大。

罗汉身侧有童子捧一方形红色包裹，该包裹也出现在第十六位罗汉身边，即同时出现于画卷首末端，卷首再添加圆光佛像，让人联想到传法中常见的“衣法”，即衣钵相传。禅宗传承，师传法于弟子都以付授的袈裟为表征，传衣即传法之义。

罗汉第一尊 宾度罗跋罗多尊者

第一位罗汉和第二位罗汉之间的祥云中有一尊位于圆光中的红衣坐佛。该佛像应为释迦，释迦虽地位尊贵，但体形小，可能是较晚时期绘制的。

第二幅壁画中的长眉罗汉为迦诺迦跋蹉尊者，他披红条绿色袈裟，双目前视，双眉长至腰间，以两手托举。罗汉身旁有一弟子持香炉恭候，其左右各绘有一位信士。其身后海浪中绘有一浮出半身的神兽，身披火焰面对尊者，形象极生动。在其他各铺壁画之间亦多见蚌蛤水族、夜叉神兽等浮出海面，遥望尊者。

罗汉第二尊 迦诺迦跋磋尊者

第三幅壁画中迦诺迦跋黎堕阇尊者呈站立状，头戴佛帽，右手呈感召状，左手持一白色净水瓶，侍者为其持锡杖，这样的造型与唐宋时流行的被帽地藏菩萨像相近。他侧身向饿鬼施舍，四名饿鬼头发蓬乱、身材矮小、上身赤裸、瘦骨嶙峋，面容狰狞。其中两名在互相争斗，另外两名用钵争接甘露。据佛经记载，饿鬼是佛教八部鬼众之一。佛经中描述饿鬼的形象是“其形丑陋，身体枯瘦，口中火燃，咽如针锋，头发蓬乱，爪牙长利，甚可怖畏”。壁画正中的罗汉形象庄严慈悲，其与饿鬼的形象两相比较，极为生动。

罗汉第三尊 迦诺迦跋黎堕阇尊者

第四幅壁画中的罗汉为苏频陀尊者，其形象略显苍老，着绿条白色袈裟，右手捻珠，左手揪袈裟一角，神情严肃地看向身旁的两名女子。那两名女子，衣饰艳丽，头戴花冠，袒胸露乳，似仓皇奔逃。佛教反对淫邪，这幅图似示罗汉劝世人远离淫邪之意。

罗汉第四尊 苏频陀尊者

第五幅壁画中的罗汉为诺矩罗尊者，其浓眉大眼，蓄有胡须，着绿条红色袈裟，肩背绿色褡裢，系口处挂一红牌，上书一“佛”字。其左手指向受刑罚者，使其枷具脱落而得解脱，罪人拱手向罗汉致谢。解差左手提棍，抬头望向罗汉。这是一幅劝人弃恶向善的画面。但该尊罗汉双臂姿态极不协调，上半身与下半身重心错开。犯人和官差被安排在罗汉左手前下方，二人上方则留出不协调的空地，不似完善的稿本所为。推测匠人对该幅画重绘时，对罗汉像和下方画面都做过修改。观音阁壁画在世俗题材的选择上还糅杂了一些充满生活气息的画面。罗汉右下方有两个淘气的孩子正在捅马蜂窝，一个倒拿拂尘正在捅，马蜂四散飞去，一个孩子被马蜂追赶，正抱头躲避，憨态可掬。

罗汉第五尊 诺矩罗尊者

第六幅壁画中的罗汉为跋陀罗尊者。他披蓝条绿色袈裟，半袒胸，欲向左行走。其左下方有一胡奴牵虎相伴，这是被降伏的猛虎，整个画面构成了具有“行脚僧”图式特色的伏虎罗汉图。这幅画布置在北墙的最东头，与北墙的最西头的第十四幅降龙罗汉图正好对称。尊者转身向右回望，左手托一支白色蜡烛，红色烟雾从烛芯冉冉升起，形成祥云，托起十六支蜡烛。这是一幅描绘佛教“传灯”主题的画面，譬喻佛法能破除黑暗。佛经中有云 “无尽灯者，譬如一灯，燃千百灯，冥者皆明，明终不尽”。意思是一盏灯可以点燃许多盏灯，使它们都发光，而最初的那盏灯的光芒并不会因此减弱。在佛教中，这象征着一个人通过传播佛法来启发和照亮他人的心灵，而自身的智慧和福德也会不断增加。这个概念体现了佛教中的利他精神，即在帮助他人的同时，自己的精神境界也会得到提升。从绘画风格和画面覆盖关系来看，点烛画面应是大像完成后又添加上去的，内层壁画是否有此情节尚未得知。或许是重修壁画者借用禅宗祖师六代传灯之理念，为伏虎罗汉像增添了新的传法思想。

罗汉第六尊 跋陀罗尊者

第七幅壁画中的罗汉为迦哩迦尊者。他头戴风帽，圆脸大耳，慈眉善目，身着绿条粉色通肩大衣，左手提拂尘，右手当空掐指。有人认为其指尖似飞出一脉水流汇入海中，貌似表现罗汉以神通力化出海水。罗汉后面是一位正在读经的幼童，其面部被经卷遮住，只露出了头上的两个小抓髻。这些画面生动活泼，与现实生活贴近。罗汉旁有狮奴，从模样、衣饰均可判断其为西域人，元代称之为“色目人”。色目人在元朝的建立和统一全国的过程中大量进入汉族居住地区。他们受到元朝的重视，被列为全国四等人中的第二等人，地位仅次于蒙古人。

罗汉第七尊 迦哩迦尊者

第八幅壁画中的罗汉为伐阇罗弗多罗尊者。他披蓝条红色袈裟，面容清瘦慈祥，肤色略深，右手掐指，左手持有柄莲花香炉。罗汉左侧为献经卷画面，三男两女正争着向其弟子递送经卷，以积功德。一位身穿红衣的女子已完成夙愿，表情虔诚，正在合掌行礼。一幼童被挤在了一旁，因无法递送经卷正抹泪哭泣。此图描绘了受罗汉感化的善男信女送经卷、积德还愿的情景，整个画面栩栩如生。“献经卷”也是佛教中布施的一种方式，可积德还愿。

罗汉第八尊 伐阇罗弗多罗尊者

第九幅壁画中的罗汉为戍博迦尊者。他着红条蓝色袈裟，面部丰腴和蔼，双目圆睁，神情专注，交手合掌于腹部。此尊者四周分别有几组形态各异的人物。罗汉右侧脚旁有一群男女老幼正围在一水潭边喝“圣水”。“喝圣水”这种活动在佛教中颇为流行，因会造成传染病流行，历代朝廷均曾下令禁止，可屡禁不止。画面上男女老幼共六人，正围在一小水潭旁喝“圣水”，他们的姿势、神态各异，有的用勺舀，有的用碗端，有的用瓢喝，有的俯身至水面直接喝，有的还伸手讨要。此幅画人物面部表情丰富，形象生动，生活气息浓厚。

罗汉左侧为表现儒家思想传统故事的“郭巨埋儿图”。图中郭巨头戴覆钵式圆帽，上身赤裸，正在挥锨挖地，前面的坑中露出金子。郭妻头戴花冠，口中衔着包袱一角，左手紧握另一角，右手正忙着拾起金子，孩子在旁帮助。“郭巨埋儿”的故事最早见于东晋时期干宝所著的《搜神记》。郭巨是晋代人，原本家道殷实，后逐渐贫困，妻子生一男孩后，郭巨的母亲非常疼爱孙子，自己总舍不得吃饭，把仅有的食物留给孙子吃。郭巨因此深感不安，觉得养这个孩子必然影响供养母亲，遂和妻子商议：“儿子可以再有，母亲死了不能复活，不如埋掉儿子，节省些粮食供养母亲。”在他们挖坑时，地下二尺处忽见一坛黄金，上面写着：“天赐孝子郭巨，官不得取，民不得夺。”郭巨是儒家孝悌思想中被极端化的典型人物。儒家思想是中国历代文化的主流思想，儒家学说首称孝道，历代典籍莫不以孝道为其主旨。佛教的伦理道德也是以孝为宗、以孝为戒。但这个故事其实宣扬了古人的愚孝思想，是封建礼教思想的糟粕。这幅壁画的画面非常自然、生动。罗汉身后的背景无论是树木还是翻滚的浪花都被刻画得极为精美，装饰性极强。另外，不同颜色的渲染也使人物的性格特点得到充分的展现。

罗汉第九尊 戍博迦尊者

第十幅壁画中的罗汉为半托迦尊者。他面颊瘦削，蓄有络腮胡须，着绿条紫色袈裟。罗汉展开经卷，赤足前行，足下化生莲花。据佛经记载，半托迦有兄弟二人，图中罗汉应为长兄，是大富长者之子，因厌世出家，随后不久即得阿罗汉果，成为佛的大弟子。画中描绘的是半托迦尊者正在潜心攻读佛法，为世人指点迷津。画中半托迦尊者身后有一人一手执长柄团扇，另一手指着尊者过处留下的莲台。那个空着的莲台，显然有劝人修行、争取超度之意。内层罗汉榜题可见“莲从足下生”之句。在佛教中，莲花被赋予了佛性，世间百花中只有“莲”是唯一能花、果、种子并存的植物。莲花的花死而根不死，来年又复生，如同佛教中认为的人死而魂不灭，精神得以延续。

罗汉第十尊 半托迦尊者

第十一幅壁画中的罗汉为罗怙罗尊者。他披紫条绿色袈裟，侧身站立，面目清秀，神情安详，左手捋袖，右手正在为一位信徒摩顶，身后有两人在观看。接受摩顶的是一位蓄胡须的男信徒，他被加冕以菩萨宝冠，并挂有披帛。内层罗汉题赞“劝令教莫涅槃，天上人间常化导”，描绘了罗汉教化众生，令其修行菩萨道的场景。高僧为信徒摩顶赐福，在佛教里不仅是慈悲爱护的象征，同时也寓意助其消除魔障。

罗汉第十一尊 罗怙罗尊者

第十二幅壁画中的罗汉为那伽牟那罗尊者。他鼻高，耳穿环，似西域梵相，左手捋袖，右手伸开。他向空中抛出一支毛笔，双目注视。下方信众纷纷仰望，礼拜赞叹。其左下方两位围观信众一人抱卷轴，一人佩宝剑，是文生、武士的代表。壁画以此表现供养者身份多样，意在突出天下众生无不前来礼赞。

罗汉第十二尊 那伽牟那罗尊者

第十三幅壁画中的罗汉为因竭陀尊者。这幅壁画可谓是一幅绝妙的人物画像。尊者头戴风帽，面庞方正，浓眉大眼，身上的袈裟层次分明，随风飞扬，格外灵动，极好地展示了尊者的身形体态。他脚穿草鞋，左手托钵，右扛锡杖，身侧有狮奴御狮。尊者正风尘仆仆地游方化缘。他托举的绿色小钵招引来一群觅食的鸟，尊者昂首仰视飞鸟，神态异常生动。举钵饲鸟在罗汉图像中极为少见，尊者托钵持杖行走的姿态有可能象征乞食。宋可度在《楞严经》的笺注中提到：“凡乞食作三分，分一分自食，一分施饿众生，一分施鸟雀等。”乞食，又称托钵、分卫、行乞，是比丘为了滋养色身而乞食于他人的一种行仪，同时也是佛陀教导众弟子的修行方式。

罗汉第十三尊 因竭陀尊者

第十四幅壁画中的罗汉为伐那婆斯尊者。他双目圆睁，右手托宝珠，以宝珠降龙。海里共出现了五条恶龙，场面堪为壮观。罗汉左手指二龙，身后还有三条龙在海浪中翻腾。画面所绘的是一幅降龙图，来表现佛教神通广大、法力无边的主题。此幅画面的右下方有一对小童正在争抢经卷。

罗汉第十四尊 伐那婆斯尊者

第十五幅壁画中的罗汉为阿氏多尊者。他年纪较长，面容和蔼，面颊消瘦，高鼻深目，双手把持念珠，似在说法。罗汉身后有一着汉服的胡人在拱手作礼。此图中罗汉、信士的西域胡人形象，表现了壁画绘制时期各地人员往来密切和文化交流十分频繁。第十三尊罗汉和第十五尊罗汉虽主要施用铁线描绘，但从所绘形象来看，又代表了两种不同的艺术风格，后者的绘法更接近罗汉的传统绘法，人物的面部刻画也更富有层次。这种罗汉像的绘法在我国的壁画艺术中还是比较常见的。这尊罗汉像是对自隋唐以来罗汉像传统绘法的继承。

罗汉第十五尊 阿氏多尊者

第十六尊罗汉为注荼半托迦尊者。他大眼高鼻，左手掐指，右手提袈裟，探身俯视，冉冉侧行。左下方侍者手中有一方形红色包裹。这个包裹与第一位尊者身侧童子捧的方形红色包裹相呼应。第十六尊罗汉后面的水中还有一条鳜鱼。此鱼是蓟州当地特产，这些动物个体虽小，却丰富了壁画内容。

注荼半托迦尊者以“愚钝证果”的典故闻名，又称“小路径行者”（小路暗喻其愚钝如未开垦的荒径），是佛陀弟子中资质最差者，连四句偈子都记不住，被其他僧人嘲笑。佛陀让他专念“扫尘除垢”四字，并每日打扫寺院。他在机械重复中逐渐领悟：外在的清扫象征内心烦恼的涤除，最终证得阿罗汉果。精进胜于天赋，他以“愚者成圣”的逆袭形象，鼓励修行者不畏先天不足，以简单法门持之以恒，专注当下。民间视其为“智慧破除愚痴”的护法，亦有祈求学业进步的信仰。

罗汉第十六尊 注荼半托迦尊者

观音阁东侧壁画焰鬘得迦大忿怒明王

两明王

十大明王是密宗佛、菩萨的一种变化身，是为教化众生特别贪欲者而显化的忿怒威猛相的尊神。明王之“明”有光明义。据说诸佛为慈悯众生，对顺者以顺相劝，对逆者以逆相制，显忿怒畏怖之形，以降伏众魔以及众生因无明而产生的贪、嗔、痴等魔障。明王对于沉溺贪、嗔、痴中的众生即如当头棒喝，能令其猛醒。宋代法贤所著的《佛说幻化网大瑜伽十忿怒明王大明观想仪轨经》中，记载了十大明王的名称，焰鬘得迦大忿怒明王、无能胜大忿怒明王是其中的二位明王。

观音阁西侧壁画 无能胜大忿怒明王

十大明王的形象六臂或八臂不等，各有三面，每面皆有三目，目大赤色，作忿怒顾视相。明王皆作大恶相，以虎皮为衣，髑髅为冠，发髻竖立，手执各种兵器及佛经。

四大天王

独乐寺山门内壁的天王壁画风格显然不是辽代壁画的风格。山门东墙北为持国天王，南为增长天王，西墙北为多闻天王，南为广目天王，是北方地区自元、明以来常见的标准四天王方位配置。天王形象纹饰大都可以辨认，后来涂绘的蓝色更为鲜艳，整体看来线条设色尚属严整。壁画布局颇具匠心，这一点梁思成就曾明确指出，为后人进一步研究给出提示。

天王壁画一（© 侯鑫）

天王壁画布局非常紧凑，要在有限的壁面两侧各绘制双天王像，因此天王发冠、持物、手势等处都需要经过精心考量，避免互相干扰，呈“X”形的中立不倚的天王身躯和繁密曲绕的披帛束带，共同构成了富有动感的视觉效果。根据独乐寺历史上的修建事件与壁画自身的构图特点综合判断，可以认为天王壁画是明代山门在“易门为殿”的改造过程中绘制的。

天王壁画二（© 侯鑫）

© 侯鑫

跨越千年守护你
——泥塑

CLAY SCULPTURE

· 十一面观音
· 胁侍菩萨
· 护卫金刚力士
· 倒坐观音
· 护法神关羽与韦驮

十一面观音

蓟州地区，在唐朝已是北方经济比较繁荣的地区。到了辽代，这里又是汉人与契丹人混居的地区。这一地区的工匠在直接继承唐代汉族泥塑风格的同时糅合了契丹人的豪迈，又吸收了佛教文化，冲破了宗教艺术的界限，创造出富有时代特色的民族艺术珍品。与义县奉国寺泥塑和大同华严寺泥塑相比，独乐寺的泥塑展现了更独特的艺术个性。

独乐寺内共有八尊塑像，就其内容、形式和年代可分为两组：一组以十一面观音为主像，配两尊胁侍菩萨和两尊护卫力士；另一组是主像后边的倒坐观音及其两尊护法神。十一面观音和两尊胁侍菩萨扁平的面相和苗条的身材，与大同华严寺的辽代菩萨风格相同，具有区别于唐代造像丰腴风格的辽代特征。

独乐寺观音阁内十一面观音像为国内现存最高的彩色泥塑站像。观音赤足立于观音阁中央的须弥坛上，连同佛坛高 约16米。此座观音的头上塑有 10 个小观音头像，故称“十一面观音”。

十一面观音像是观音阁建筑的主像，穿过阁中层矩形、上层六角形空井，直达阁顶斗八藻井。观音头部稍向西南倾斜，在狭小空间内，高大的塑像营造出崇高威严的氛围。从室外进入阁内，随着视线的抬升，高大的塑像由下而上显现出来，穿过两层楼面，几乎透过阁顶，令人叹为观止。加之观音阁上层的门窗打开，光线投射到塑像头部，腰部因暗层遮挡而光线昏暗，塑像通体处于光影交错、明暗变化之中，给人以高耸入天、栩栩如生之感。

参拜者踏上山门台阶跪拜时，便能透过观音阁三层正中的门窗看到观音头部，在山门门槛处站立能看到观音像的智慧双眼。位于独乐寺南 300 多米处的白塔则是观音阁内十一面观音像的“目光焦点”。观音像与观音阁、山门、白塔之间的布局设计，独具匠心，表现了古人追求完美、精致的审美情趣。

十一面观音为站立姿势，双脚间距离较大，前脚掌向外侧撇开，这种站姿更显顶天立地的气魄。高阁内，观音像气场十足，与建筑完美融合，在建筑空间的映衬下更显雍容，同时又不失灵动。同丰腴的唐代塑像相比，十一面观音像的身形、面容表现出辽代塑像特有的健硕风格，但其腹部微突和面部五官特征还保存着唐代特征。

观音本面呈黑褐色，面形扁平，拥有弯弯的眉毛和直挺的鼻梁，目视前方，嘴角微微上扬，微带慈笑，束发戴冠，脸、胸和手上都敷金色，给人一种肃穆慈祥之感，让人心生敬畏。本面头顶的十个小头像有序排列，分 4 层，数量从下至上递减。十个小头像从正面看排列合理有序，能见全貌。所有小头像面、耳部为金色，面相均为弯眉、直鼻、睁目、闭嘴，深蓝色头发高高束起，戴浅蓝边红冠，可见服饰为红底浅蓝云纹。头部造型突出以本面为主的十一面，与同时代的造像比，冠矮，尤其正面矮，以突出十面小头像。

观音主像右手臂向上抬起，左手臂向下自然垂落，手印呈现“接引相”。观音颈着项圈，下饰璎珞宝珠玉坠，上身前胸袒露，下身穿彩绘长裙，绵长的披帛从两个肩膀垂下，在腰和膝盖之间形成一个弧圈，之后向上卷到肘部，再下垂到莲花台，给人一种飘逸的感觉。整个观音像向前倾斜约 6 度，似乎正弯腰倾听着人间的诉说。这不仅使参拜者可以更加清楚地看到观音的面庞，也拉近了两者的距离。

观音头像（© 纪翔）

十个小观音面（© 纪翔）

胁侍菩萨

两尊胁侍菩萨位于十一面观音的左边和右边，整体高 3.2 米左右，其与约 16 米高的主像形成巨大的反差，更加突出主像的威严与高大。胁侍菩萨束发，头戴花冠，冠上立有五个小化佛，似为“五佛天冠”，冠后以红带接系，带子自两耳后侧作小小花结，然后下垂到肩上。胁侍菩萨面部圆润，表情温和，上身着红色半袖棉袄，腰部系蓝色腰带，中间扎蝴蝶结，腰下着绿色小围裙，下身穿红色长裙，衣裙着色华丽。两尊胁侍菩萨脚呈“稍息”状，头、身、足呈现出优美婀娜的“S”形曲线，宛若两个活泼的少女随时准备听从差遣。胁侍菩萨给这座佛门圣地平添了温馨活泼的生活气息。其独特之处在于她们完全脱离了传统神像中的传奇色彩，被赋予人性化的特征，这样的艺术塑造更具亲和力。

胁侍菩萨（组图，引自《蓟县独乐寺》）

护卫金刚力士

护卫金刚力士位于山门内，站立于前次间两侧。东侧力士高 4.5 米，束发，发顶结花冠，发带从两侧作弧形向上飞飘。它竖眉、瞪眼、闭嘴，鼻子拉得很长，好像从鼻孔里喷出一个“哼”字。两耳着环状耳环，头颈粗短，上身袒露，肌肉隆起，手中紧握长剑，因十分用力，肘部略向后收。下身穿裙，腰身肥大。塑像身材高大，气势威严，加之身体前倾近 20 度，居高临下，虎视眈眈，令人生畏。突出显示的肌肉极具力量感，形成威猛的武士形象。

西侧力士和东侧力士对应，瞪眼张嘴，似乎从口中喷出一个“哈”字。它右臂向下倾斜，两手伸开于胸前。左臂自然向下垂落，右手拿剑，长裙上有云龙纹，龙为土红色，云纹为蓝、绿、土红三色。力士腰系黄带，裙边有粉红花草图案，短腰裙饰绿色缠枝红牡丹。力士肌肉突出，骨骼隆起，浑身上下充满力量。

塑像运用了许多夸张的手法，塑造了许多三角形肌块，强调重要部位关节、骨骼的凸起。“哼哈二将”居高临下，具有咄咄逼人的气势，将勇猛和威武表现得淋漓尽致。

护卫金刚力士（组图，© 纪翔）

护卫金刚力士一（© 纪翔）

护卫金刚力士二（© 纪翔）

倒坐观音

一般情况下，观音造像都是安置在寺院殿堂中央面向大门，当人们走进殿堂，抬头就能瞻仰其庄严之相。倒坐观音与一般观音造像不同的是，背向大门，安置在殿堂后壁处，人们需要绕到殿堂后面才能瞻仰。这样的观音造像因为与殿堂朝向相反，故被称为倒坐观音。

问菩萨为何倒坐，叹众生不肯回头！

倒坐观音位于十一面观音主像背后。此像面相俊秀，束发，上扎绿色纶巾，正中作花结，上身袒露，着蓝色披肩。下身着红色长裙，腰间系裙，绶带在腹下正中作结，下垂至足腕，长裙下摆垂作三角形。左臂前膊上举。右臂下垂，手扶右膝。右腿上抬，右脚踏在台座上。左腿下垂，作自由式。身后置圆板，画背光。

倒坐观音两侧的韦驮和关羽戴盔着甲，都是一副武将装束。“伽蓝神”关羽悬立于东侧的金柱上，高 1.3 米，红脸。“护法神”韦驮悬立于西侧的金柱上，高 1.2 米，白脸，造型与东侧的关羽像大体相同。

倒坐观音（©纪翔）

关羽（© 纪翔）

韦驮（© 纪翔）

《寄题独乐寺》

[清]爱新觉罗·弘历

欲留羲御问迁移，便是拈花不语时。
丈六金身应好在，春风过客偶相思。
禅心远逐穿云磬，古迹空传没字碑。
烟柳丝丝新绿嫩，即看拖地有长眉。

诗选

SELECTED
POEMS

《独乐晨灯》

［明］胡富

高阁层棱数十重，晨灯遥映日光红。
依稀萤火笼纱幕，仿佛残星缀月宫。
珠箔影摇金灿烂，碧窗光透玉玲珑。
何如化作光明烛，遍照贫家万室空。

《重过独乐寺》

［清］爱新觉罗·弘历

山郡寒烟里，祇园粉堞边。
禅房有花木，向日记留连。
颓废嗟如是，施檀亦偶然。
邑民似相识，瞥眼十余年。

《独乐寺》

［清］爱新觉罗·颙琰

古刹蓟城中，谁与题独乐？
释氏惟兼爱，于意无住著。
发彼三藐心，欲解四轮缚。
丈六亦非身，巍然立高阁。
摩尼一串珠，曼陀万花落。
菩提寂无闻，人天振梵铎。
怡情聊咏之，吾乐在咸若。

《憩独乐寺》

[清]爱新觉罗·弘历

古寺千年蓟郡标，额楣独乐义元超。
风幡不动烟光静，香龛微含月影遥。
见性新新空业识，传灯湛湛朗心苗。
众生欢忭瞻巍座，何有何处过即消。

《蓟门歌》

[清]爱新觉罗·颙琰

大野苍茫卷寒雾，鸣鞭北指蓟门路。
蓟门云是古战场，只余漠漠黄云戍。
村墟鳞比净烽烟，耕凿盈宁逾百年。
重门高接长霄朗，中有古刹瞻巍然。
古刹何名名独乐，丹碧辉煌结层阁。
擘窠四字历千秋，相传太白雄笔落。
我来喜趁各旭融，僧房一曲幽径通。
品茶小住多佳趣，路启云岚东复东。

《独乐寺有感》

[清]爱新觉罗·颙琰

独善其身释理通，帝王之乐天下同。
小民多苦四海大，先忧后乐吾素衷。
艰哉为君有何乐，水旱盗贼悯困穷。
深惭继述怀考训，祈大欢喜惟昊穹。

《过蓟州独乐寺阁》

［清］翁方纲

抱阁千峰碧玉环，追思十载叩禅关。
凭栏晓翠诗谁忆，橐笔春深鬓已斑。
崇效漫怀僧智朴，荐青可拟赵寒山。
懒登不为趋程急，羞对岚光照病颜。

《独乐寺小憩》

［清］爱新觉罗·旻宁

珠邱礼葳旋征旆，萧寺还来片刻留。
风景蓟门春色满，香严宝阁日光浮。
三千编绕清凉界，百五闲凭今古楼。
禅榻半龛尘外赏，绯桃翠柏一庭幽。

《过蓟州作》

［清］沈锐

上郡旋骖日，遥看霭曙氛。
春城森百雉，古寺护层云。
土沃良农洽，时和淑景欣。
古来争战地，圣世尽耕耘。

《渔阳八景·独乐晨灯》

［清］沈锐

杰阁频栖岁一终，宵分如见佛灯红。
遍悬缨络诸天晓，高引金绳觉路空。
先转飙轮朝般若，再由群刹启愚蒙。
元晨愿乞齐民福，长傍慈云普照中。

《题蓟城独乐寺》

［清］张鹏翼

偶入渔阳城，直上观音阁。
普济乃佛心，如何名独乐。

《登独乐寺佛阁》

［清］沈沐

秋高阁敞蔚蓝天，登眺凭虚各凛然。
对峙遥空聊白塔，单留古额署青莲。
疏林晚听千树杵，落日晴炊万灶烟。
独乐何如同极乐，欲将此意问金仙。

关关游独乐寺（视频） GUANGUAN VISITING DULE TEMPLE（VIDEO）

56 分钟视频带你深入了解独乐寺

雎鸠叫关关（特邀博主深入讲解独乐寺）

喜欢逛古建和博物馆。
带亿点点知识的古建爱好者游记。
分享我喜欢的古建筑 / 展览 / 博物馆 / 景致。
广州人在南京。

独乐寺 与营造学社

观音阁 千年不倒之谜

独乐寺 无懈可击的木构

独乐寺 真正的主角

独乐寺 早就应该维修

参考文献 REFERENCES

[1] 梁思成. 蓟县独乐寺观音阁山门考 [J]. 中国营造学社汇刊，1932(2): 7-92.

[2] 丁垚 . 发现独乐寺 [J]. 建筑学报 , 2013(5): 1-9.

[3] 王成杰 . 浅谈独乐寺观音阁壁画中的世俗题材 [J]. 文物鉴定与鉴赏 ,2020(6): 24-25.

[4] 陈明达 . 蓟县独乐寺 [M]. 天津 : 天津大学出版社 , 2007.

[5] 王向坤 . 浅析独乐寺观音阁壁画艺术 [J]. 新丝路 ,2021(16): 160,162.

[6] 高树影 . 浅议蓟县独乐寺观音阁壁画艺术特点 [J]. 中国民族博览 ,2020(4): 161-162.

[7] 高树影，赵智慧 . 独乐寺山门屋顶调查 [J]. 文物鉴定与鉴赏 ,2020(3): 20-21.

[8] 段传峰 . 蓟县独乐寺观音阁十六罗汉图像学研究 [J]. 当代思潮，2014(z2): 30-33.

[9] 范丽娜 . 蓟县独乐寺观音阁十六罗汉壁画 [J]. 美术研究 , 2021(2): 26-32.